CIP-Titelaufnahme der Deutschen Bibliothek
Terminal 4 Verlag, Hamburg 2002
Grimm, Sebastian:
Warum eigentlich Mallorca? Innenansichten einer Insel.
ISBN: 3-936114-03-X

© 2002 Terminal 4 Verlag GbR, Hamburg

Layout:	Sebastian Grimm
Umschlag:	Maren Kutschaelies
Kartographie:	Sebastian Grimm mit Polyplot®
Fotos:	Rainer Müller (S. 2, S. 175)
	Nicole Stumpp (S. 175)
	Şeynur Tunç (S. 175)
	Daniela Wiegel (S. 2)
	Sebastian Grimm
Lektorat:	Franziska Herboth (Text)
	Claus Carstens (Karten)
Herstellung:	Alsterdruck, Hamburg
ISBN:	3-936114-03-X

Sebastian Grimm

Warum eigentlich Mallorca?

Innenansichten einer Insel

INHALT

Für Şeynur

VORWORT

Mallorca atmet durch. Der Sturm legt sich etwas, aber der langfristige Trend wird anhalten. Der Tourismus boomt seit Jahrzehnten wie nirgendwo sonst auf der Welt. Zudem nehmen ausländische Residenten derart massiv Besitz von dem Eiland, dass mancher Insulaner Parallelen zu den Übergriffen durch die Piraten des 16. Jahrhunderts sieht.

In den Medien ist der Deutschen liebste Ferieninsel stets präsent. In Vorabendserien und Fernsehshows werden Tipps gestreut, Radiosender präsentieren das Mallorcawetter wie selbstverständlich zwischen den Temperaturen für Rügen und Sylt. Auch derjenige Teil der bundesdeutschen Bevölkerung, der nie einen Fuß auf die Insel gesetzt hat, ist stets auf dem laufenden. Man hat Mallorca als festen Bestandteil in den eigenen Kulturkreis integriert. Die Mallorquiner ertragen das nur, weil sie die besondere Fähigkeit entwickelt haben, beide Augen zuzudrücken, wenn der geschäftliche Nutzen es rechtfertigt.

Aber warum gerade Mallorca? Es hat sicherlich mit der guten Erreichbarkeit zu tun. Und mit der Vielfalt an Möglichkeiten. Jeder scheint zu finden, was er sucht.

Die Partyfraktion folgt gierig den Sensationsberichten über orgiastische Ereignisse unter freiem Himmel. Man möchte teilhaben an den ekstatischen Erlebnissen der Spaßgesellschaft. Der Ort ist Nebensache. Sonne, Strand, Alkohol und Sex sind die maßgeblichen Anforderungskriterien.

Strikt zielgebietsorientiert ist dagegen die wachsende Zahl Studienreisender. Sie suchen das „Kulturerlebnis" – gern vom klimatisierten Reisebus aus. Ausgestiegen wird in der Regel nur für Besichtigungen, Fotopausen und zur Nahrungsaufnahme.

Ebenfalls steigend ist die Zahl derjenigen, die gute Anbindung und mediterranes Klima zum Sport oder Relaxen nutzen. Radfahren und Golf stehen derzeit oben auf der Beliebtheitsskala.

Auch für Familienurlaub ist Mallorca attraktiv. Kinderfreundliche Strände, sommerliche Sonnengarantie und immer noch günstige Preise laden ein.

Es bleiben schließlich – im eigentlichen Wortsinn – die „neuzeitlichen Freibeuter". Residenten, die der Tristesse des Nordens dauerhaft entfliehen wollen. Viele von ihnen geben sich keine Mühe mit der Sprache und verharren in einer merkwürdigen Isolation unter gleich gesinnten Kolonisten.

Unterschiedlichste Sehnsüchte und Interessen werden auf eng begrenzten Raum projiziert. Lebenstraum, Abenteuer, sportliche Herausforderung – jeder hat sein eigenes Bild von Mallorca. Landschaft, Kultur, Sonne und Dekadenz – die Insel bietet alles an.

Nur wenige aber suchen nach Ursprünglichkeit, nach Kontakt zu Menschen und Lebensweise, nach dem „Inneren der Insel". Für den größten Teil der Gäste bleibt Mallorca Kulisse eines eigens für sie inszenierten Spektakels. Nur für kurze Momente – etwa während gut geplanter Tagesausflüge – bekommen sie vielleicht eine Idee von der Seele der Insel.

Abseits von Strandbars und Hotelburgen gibt es viel zu entdecken, wenn man sich Zeit nimmt. Spanisch ist dabei hilfreich, fünf Worte Mallorquí können Wunder bewirken. Ohne das Vertrauen der Menschen wird man das „andere Gesicht" der Insel kaum erleben.

„In Mallorca ist die Stille tiefer als anderswo"[1] – ein Satz, aus Zeit und Zusammenhang gerissen, aber immer noch gültig. Genau wie im Winter 1838/39, den die Schriftstellerin George Sand zusammen mit Frédéric Chopin in Valldemossa verbrachte. Das heutige Mallorca ist eine faszinierende Synthese aus Ruhe und Rastlosigkeit, aus Stille und Schnelllebigkeit, aus Gegenwart und Geschichte.

Das vorliegende Buch erzählt von Begegnungen mit der Insel und ihren Menschen während einer vierwöchigen Wander- und Radreise. Von Palma ausgehend führt sie durch die zerklüftete Bergwelt der „Serra Tramuntana" und durch die Agrarlandschaften der Zentralebene „Es Pla". In Form von Tagebucheinträgen entsteht ein sehr persönliches und intimes Bild eines merk-würdigen Landstrichs.

---

[1]   aus George Sand: „Ein Winter auf Mallorca" (Paris 1842); vgl. Tag 12: Verregneter Winter mit Folgen

PALMA

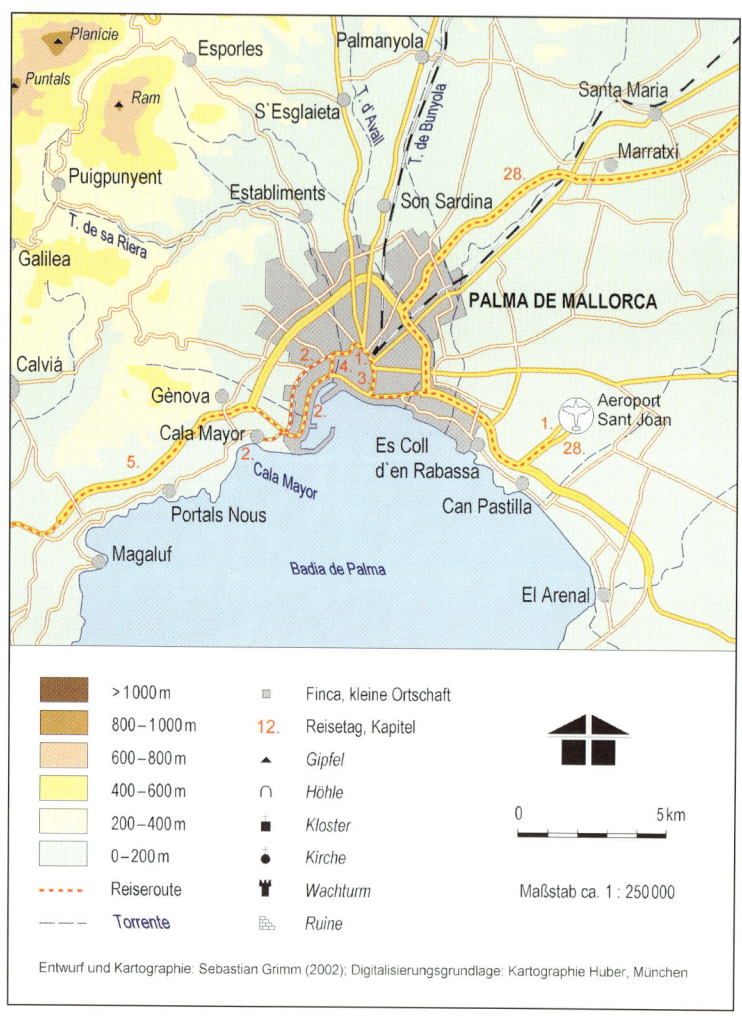

Legend

	> 1000 m	▫	Finca, kleine Ortschaft
	800 – 1000 m	12.	Reisetag, Kapitel
	600 – 800 m	▲	Gipfel
	400 – 600 m	∩	Höhle
	200 – 400 m	▪	Kloster
	0 – 200 m	●	Kirche
-----	Reiseroute	♟	Wachturm
--- ---	Torrente	▦	Ruine

0   5 km

Maßstab ca. 1 : 250 000

Entwurf und Kartographie: Sebastian Grimm (2002); Digitalisierungsgrundlage: Kartographie Huber, München

S. 11: Kloster San Francisco, Kreuzgang und Turm

1. Tag: Benvinguts![2]

Wer nach Mallorca reist, macht sich verdächtig. Ich hasse es, wenn ich mich schon beim Check-In in eine Schlange angetrunkener „Ballermänner" einreihen muss. Verstohlen spähe ich nach anderen Schaltern, wo man mild-nachsichtige Blicke für „uns" übrig hat. Ich hänge mit drin. Niemand würde mir glauben, wenn ich zu erklären versuchte, dass ich an Mallorca Ruhe und Abgeschiedenheit schätze. Doch gerade die Vereinigung solch offensichtlicher Gegensätze ist typisch für die größte Insel der Balearen. Inzwischen unternehme ich nicht einmal mehr den Versuch, mich für mein bevorzugtes Reiseziel zu „rechtfertigen".

Der internationale Flughafen von Mallorca ist der Aeroport Sant Joan. Er verändert sich von Mal zu Mal. Nachdem das immense Touristenaufkommen über Jahre hinweg von einem besseren Provinzflughafen bewältigt wurde, sind seit Frühjahr 1997 neue Gebäude in Betrieb. Seitdem wird fortlaufend weiter- und umgebaut. Die Abfertigung läuft meist reibungslos, aber die Wege sind weit. Einigen Fluggästen treiben sie Schweißperlen auf die Stirn. Gerade die „lockeren Typen", die eigentlich größten Wert auf stimmige Coolness in ihrem Habitus legen, kann man in den langen Fluren bei hektischen Blicken auf die Uhr und plötzlicher Erhöhung der Schrittfrequenz ertappen.

In der Ankunftshalle wird der Touristenstrom von livrierten Bediensteten diverser Reiseveranstalter empfangen und kanalisiert. Obwohl Armeen dieser Einstiegshelfer mit Funkgeräten fuchteln und mit großformatigen Schildern auf den direkten Weg ins Ferienglück hinweisen, begegnet mir Hilflosigkeit: Verwirrte, verloren wirkende Urlauber manövrieren fragenden Blickes ihre Gepäckberge ziellos durch die Halle und werden ständig zum Hindernis.

Die Erfahrenen hingegen schlendern – meist nur mit Handgepäck und Golfutensilien – zu einer der unzähligen Autovermietungen und lassen sich kurz die Schlüssel für das reservierte Cabrio geben. Gern stellen sie übertriebene Lässigkeit zur

---

[2] *benvinguts (mall.) – Willkommen*

Schau und machen damit deutlich, dass diese Zeremonie fast alltägliche Gewohnheit ist. Vor dem Terminal entschwinden sie per Rollband in ein gigantisches Parkhaus, während die restlichen Ankömmlinge von Hunderten wartender Busse und Taxen aufgesogen werden.

Mietwagen, Busse und Taxen verteilen die Urlaubermassen tagein tagaus auf die touristischen Zentren. Auch sorgen sie dafür, dass die runderneuerten Gäste zwei bis drei Wochen später diesem stetig pumpenden Herzen wieder zugeführt werden. Ihre Frequenz am Flughafen ist so hoch, dass man sie mehr als statische Kulisse denn als veränderliche Größe wahrnimmt.
Ich missachte die allgemeinen Gesetzmäßigkeiten von *entradas*[3] und *salidas*[4] und gehe zur Haltestelle des Linienbusses. Binnen 20 Minuten bringt er mich ins Zentrum von Palma – im Bus Flughafenbedienstete und Geschäftsleute, Reisende eher selten. Hinter staubigen Scheiben erscheinen links Hotelanlagen und rechts die eindrucksvolle Silhouette der Serra Tramuntana.

An der Plaça Espanya ist alles anders. Verkehrsknoten und Tor zur Altstadt. Es ist laut und voll. Hier halten alle Busse, hier liegen die Bahnhöfe. Nach Sóller und Inca bestehen Zugverbindungen. Nachdem ich die Scheinwelt des Flughafens hinter mir gelassen habe, bekomme ich jetzt das Gefühl, tatsächlich angekommen zu sein. Die Inselkapitale empfängt mich als pulsierende Großstadt. Der touristisch erzielte Wohlstand ist zu spüren, nicht jedoch der Tourismus selbst. Kaum etwas erinnert an die Hotelburgen der Außenbezirke. Auch mitten in der Saison hat man selten Probleme, eine Unterkunft zu bekommen. Ich finde nur zwei Querstraßen weiter ein günstiges und sogar ruhiges Zimmer in einer kleinen Pension.

Später am Abend sitze ich an der *plaza*[5] vor einer der Bars. Mediterranes Lebensgefühl. Es ist spät, aber der Platz ist noch belebter als am Nachmittag. *Tapas variadas*[6] und *cerveza*[7] werden

---

[3]   entrada (span.) – Ankunft
[4]   salida (span.) – Abreise
[5]   plaza (span.) ist gleichbedeutend mit plaça (mall.) – Platz
[6]   tapas variadas (span.) – gemischter Vorspeisenteller

zur Nebensache. Mit steigender Aufmerksamkeit beobachte ich die ständig wachsende Menschenmenge, die Kneipen und Gehsteig erfüllt. Hier beginnt der Tag abends.

Ich spüre Offenheit. Die Zahl anwesender Ausländer ist gering. Abgrenzung seitens der Mallorquiner erfolgt vor allem dann, wenn größere Reisegruppen die gewachsenen Sozialstrukturen sprengen. Generell bleibt der gesellschaftliche Dialog nicht auf einzelne Altersklassen oder soziale Schichten beschränkt. Es existiert eine allgemeine Bereitschaft zur Kommunikation, die kaum Grenzen kennt. Das stetige Kommen und Gehen nimmt zu. Anfahrende Kleinwagen, bremsende Motorroller, Begrüßungen und Verabschiedungen. Klirrende Gläser, lautes Stimmengewirr und ständig singende *móviles*[8] bilden die Geräuschkulisse. Die Hauptrollen des Spektakels sind mit zwei unerschütterlichen *camareros*[9] besetzt, die routiniert jedes noch so volle Tablett durch die Menschenmenge balancieren.

Erst mit Beginn des neuen Tages vermindert sich die Betriebsamkeit. Es wird leerer, allerdings nicht wegen der einsetzenden Nachtruhe. Es ist lediglich an der Zeit, einen neuen Schauplatz aufzusuchen. In Diskotheken und Nachtbars ist man vor zwei Uhr morgens nicht wirklich willkommen. Auch werktags. Sollten die nächtlichen Ausgehgewohnheiten der eigentliche Grund für die zähe Verteidigung der Nationalinstitution *siesta*[10] sein?

Auf dem Weg zurück zum Hotel muss ich mehreren dunklen Gestalten klar machen, dass ich weder Marihuana noch kleine bunte Pillen zum Einschlafen brauche. „Bahnhofsviertel".

---

[7] *cerveza (span.) – Bier*
[8] *móvil (span.) – Mobiltelefon*
[9] *camarero (span.) – Kellner*
[10] *siesta (span.) – Mittagsruhe*

2. Tag: Tag an der See

Zwei Espressomaschinen fauchen um die Wette, übertönen jedes andere Geräusch. Man versteht sich wortlos. Ein Nicken oder Handzeichen reicht für die Bestellung. Lang geübte Rituale beim Frühstück in der Bar. Es beschränkt sich häufig auf eine Zeitung und einen *café solo*[11] im Stehen. Aber in Ruhe. Ich kann mir das über Stunden anschauen. Zeit. Ein wertvolles Gut. Was für ein Genuss, keine Termine im Kopf zu haben.

Sonne und Strand. Deswegen kommen die „Nordländer", vor allem Engländer und Deutsche. Sie entfliehen ihren tristen und wenig verlässlichen Klimazonen und tanken Energie für den Rest des Jahres.

Die Suche nach dem Sommer hat bereits in den Dreißigerjahren erste Pauschalreisende auf die Insel gespült, damals noch per Schiff. Es folgten Propellermaschinen und Düsenjets, jedes Jahr mehr.

Noch immer sind die heißen Monate Hauptreisezeit. Mit zunehmender Tendenz aber nutzen die Aktivurlauber heute auch Frühjahr und Herbst. Die *temporada*[12] erstreckt sich eigentlich auf die Zeit von März bis Oktober. Aber es gibt von Seiten der Inselregierung Bestrebungen, sie durch gezielte Angebote weiter auszudehnen.

Wer zum ersten Mal nach Mallorca kommt, wird erstaunt sein: Palma hat gar keinen Strand – sieht man von einem winzigen Abschnitt östlich des Parc de la Mar ab. Erst jenseits des Stadtgebiets folgt westlich wie östlich Badeort auf Badeort. Vom berüchtigten El Arenal bis Peguera. Entlang der Bucht von Palma findet genau das statt, was Mallorca als erste Assoziation hervorruft. Alles, was inzwischen durch schlechte Filme, billige Vorabendserien und lächerliche Schlager zum Kult geworden ist, ist hier tatsächlich anzutreffen – allerdings in unterschiedlichen Intensitäten.

---

[11] *café solo (span.) – Espresso*
[12] *temporada (span.) – Saison*

Cala Mayor ist ein Badevorort im Westen. Von der Plaça Espanya aus fährt ein Linienbus. Zunächst über die Ringstraße. Sie trennt innere und äußere Stadt. Im gezackten Verlauf lassen sich die Umrisse der mittelalterlichen Befestigungsanlagen noch heute deutlich erkennen: links die Altstadt und rechts spätere Erweiterungsgebiete. Dann geht es stadtauswärts auf dem Paseo Marítimo, der Küstenschnellstraße. Es sind nur wenige Kilometer.

Ausläufer der Serra Tramuntana reliefieren das Gelände. Hotels und Apartmentanlagen verstellen den Blick. Es fällt schwer, den Weg hinunter zum Strand zu finden. Cala Mayor heißt „große Bucht". Trotzdem nicht leicht zu entdecken.

Der Strand ist voll, aber nicht besonders groß. Die Bar nimmt sich bescheiden aus. Ein kleiner Bretterverschlag. Keine Hinweise auf Hochleistungstrinken und Daueranimation.

Herrlich warmer Sand, in der Sonne fast zu heiß. Ich lasse mich nieder. Erste Lagebestimmung.

Drei mallorquinische Strandschönheiten werden von einer größeren Anzahl von Bodybuildern umringt. Diese rücken geölte Muskelpakete ins rechte Licht und hoffen auf Erhörung. Ich gebe ihnen maximal zehn Prozent Erfolgswahrscheinlichkeit. Alberne Affen. Ich muss grinsen und beschließe, ihre Fortschritte im Auge zu behalten.

Eine andere interessante Vorstellung wird von zwei sonnenhungrigen Urlauberinnen gegeben. Etwa Mitte zwanzig, typisch singender Ruhrgebietsdialekt. Auf umständlichste Art und Weise versuchen sie, nahtlose Bräune zu erzielen, ohne die letzten Hüllen fallen zu lassen. Fortwährend räkeln sie sich in neue Positionen und zupfen an den spärlichen Textilresten. Das verursacht Freude. Besonders von einer Gruppe pubertierender Jugendlicher hagelt es Szenenapplaus und eindeutige Aufforderungen.

Allgemeine Schadenfreude auch über ein älteres, sehr britisches Ehepaar. Ein Strandaufenthalt war für sie offensichtlich nicht die richtige Entscheidung. Mit Verzweiflung in den Augen versuchen sie, Körper, Badelaken und Luftmatratze frei von Sand zu halten. Sehr zur Erheiterung von zwei einheimischen Jungs, die sich feixend wild staubende Verfolgungsjagden liefern.

Klares blaues Wasser bis an den Horizont. Darüber klarer blauer Himmel. Erholsame Unendlichkeit. Ich atme durch und drehe mich um. Salz. Trägt mich, ist zu schmecken und zu riechen. Erfrischend. Geräusche des Ufers werden unter Wasser zu sanftem Gemurmel.

Am Strand gibt es kaum Veränderungen, allein das britische Ehepaar hat aufgegeben. Ich sehe sie gerade noch hinter den Apartments verschwinden. Die starken Jungs bemühen sich weiter um die Damenwelt, sehen aber schon angestrengter aus. Vielleicht mussten sie ausatmen. Die beiden Sonnenanbeterinnen konnten den Kreis ihrer Fans deutlich erweitern. Scheinen inzwischen auch Gefallen daran zu finden. Langsam fangen sie an, mit ihrem Publikum mitzuspielen.

Die entscheidenden Szenen verschlafe ich leider. Als ich wieder aufwache, sind alle Akteure verschwunden. Der Strand ist fast leer. Die tief stehende Sonne weist auf die trotz Verbauung durchschimmernde Schönheit der Bucht hin. Die Pauschalgäste gehen zum Essen. Ich gehe zum Bus.

3. Tag: „Stadt"

Ciutat. Schlicht und einfach „Stadt". So nennen die Mallorquiner ihre einzige größere Agglomeration. Palma ist Wohnort der Hälfte der Inselbevölkerung, Palma ist Hauptstadt. Hier leben 300 000 Einwohner, von hier aus wird die Provinz Baleares regiert. Die Wirtschaftskraft ist groß, seit den Fünfzigerjahren boomt Palma. Der historische Altstadtkern mit seinen Kirchen und Adelspalästen hat diese letzte Aufschwungphase unbeschadet überstanden. Heute ist er Kleinod inmitten fragwürdiger Wachstumsarchitektur.

Wenn auch aus ihrer Zeit kaum noch Sichtbares existiert, es waren die Römer, die die günstige Lage erkannten. 123 v. Chr. gründeten sie die Stadt „Palmaria". Sie besetzten die Insel, weil die Mallorquiner unentwegt ihre Schiffe überfallen hatten. Vorher, in den Punischen Kriegen, waren die berüchtigten „Baliarides"[13] noch eine große Unterstützung gewesen. Allerdings auch erst, nachdem sie von den Karthagern zur voraussichtlichen Siegerseite übergelaufen waren. *„Muy listo"*[14], dieses Völkchen, so der Kommentar einer Bekannten aus der Stadt. Tatsächlich deutet einiges auf gewisse Kontinuitäten in der mallorquinischen Seele hin: Die arabische Herrschaft begann etwa tausend Jahre später unter ähnlichen Umständen. Piraterie und Plünderungen haben die Inselgeschichte über Jahrhunderte begleitet.

Durch die Mauren erfuhr das ehemalige römische „castrum" eine starke Überprägung und einen enormen Bedeutungszuwachs. Palma wurde zur Hauptstadt, bekam den Namen „Medina Mayurqa" und eine Stadtanlage ähnlich der von Marrakech. Heute ist das eine befremdliche Vorstellung, denn auch diese Epoche hinterließ nur wenig bauliche Relikte. Es sind Details, die das maurische Palma dennoch spürbar machen: Dekorelemente an Gebäuden, minarettartige Kirchtürme und ein Grund-

---

[13] *Baliarides – Steinschleuderer; Bezeichnung für die Einwohner der Balearen, die sich diesbezüglich durch große Fertigkeit auszeichneten; von balléin (griech.) – werfen, schleudern; von diesem Begriff leitet sich die Bezeichnung „Balearen" ab.*

[14] *muy listo (span.) – sehr pfiffig*

riss, der das verschachtelte Sackgassenprinzip der orientalischen Stadt konserviert hat.

Das entscheidende Datum für die Stadtentwicklung war der Jahreswechsel 1229/30. König Jaume[15] I. von Aragón eroberte Mallorca im Zuge der *reconquista*[16]. Der Sage nach wurde noch im selben Jahr auf den Trümmern der Hauptmoschee mit dem Bau der Kathedrale begonnen. Auch wenn diese Vorstellung sich inzwischen als haltlos erwiesen hat – islamische Architektur musste von diesem Zeitpunkt an dem Willen zur Neugestaltung weichen.

Heute sind es gotische Sakralbauten, Renaissancepaläste und die gekurvte Linienführung des Jugendstils, die den baulichen Reiz von Palmas Altstadt ausmachen. Die besondere Atmosphäre indes entsteht durch das latente arabische Element.

Das Straßengewirr der Altstadt ist nicht nur historische Kulisse, sondern auch geschäftige Innenstadt. Wochentags ist einiges los. Wer aber an einem Sonntagnachmittag kommt, der hat die Stadt für sich allein.

Ich folge dem Weg der Rekonquistadoren. Die Reiterstatue Jaumes I. an der Plaça Espanya erinnert an den ruhmreichen Einzug durch das Stadttor Bab al-Kahl. Es wurde 1902/03 an dieser Stelle abgebrochen – zusammen mit dem größten Teil der Befestigungsanlagen. 1562 waren die Bastionen wegen der Bedrohung durch türkische Freibeuter ausgebaut worden, jetzt brauchte man die Flächen für einen neuen Straßenring. Ein Blick auf den Stadtplan verdeutlicht diesen Zusammenhang.

Ganz in der Nähe liegen die Markthallen. *Mercat de l`Olivar*[17] – ein Erlebnis, auch wenn man nichts kaufen will. Auslagen werden begutachtet, es wird gefachsimpelt, Waren werden geprüft und Preise lauthals kommentiert. Das Angebot ist üppig: Fleisch, Fisch, Gemüse, Obst, Gewürze und Käse – nach Pro-

---

[15] *Jaume (mall.) und Jaime (span.) sind derselbe Name; die deutsche Entsprechung ist Jakob.*

[16] *reconquista (span.) – christliche Wiedereroberung der von Mauren beherrschten Iberischen Halbinsel*

[17] *mercat de l`olivar (mall.) – Markthallen von Palma; wörtlich: Markt des Olivenhains*

dukten sortiert wie auf einem orientalischen Basar. Ein Fest für Nase, Augen und Ohren.

Auf dem Carrer San Miguel lasse ich mich der Plaça Mayor entgegentreiben, vorbei an stuckverzierten Fassaden und kunstvoll geschnitzten Holzerkern. Die *plaza* öffnet sich als gleichmäßig umbautes Rechteck. Im unteren Stockwerk von Arkaden gerahmt, wird sie durch Zugänge aus allen vier Himmelsrichtungen erschlossen. Bis in die Zwanzigerjahre des 19. Jahrhunderts befand sich an dieser Stelle das Kloster San Felipe Neri, schauriger Gerichtsort der Inquisition. Im Zuge der Säkularisierung wollte man daran jegliche Erinnerung tilgen, riss die alten Gebäude ab und legte 1854 den zentralen Platz an. Heute befindet er sich in bester Citylage. Mitten in der Haupteinkaufszone bietet er Möglichkeiten zum Verweilen.

Bei einem *cortado*[18] betrachte ich die Szenerie genauer. Kunsthandwerker versuchen, mit den durchziehenden Tagesausflüglern ins Geschäft zu kommen. Jugendliche nutzen die ebene Fläche zum Inline-Skating. Ein Straßenpantomime – gold geschminkt von Kopf bis Fuß – steht reglos auf einem Podest, um plötzlich und mit blitzschnellen Bewegungen jeden Obolus zu quittieren, der in seinem Hut verschwindet. Die Wohltäter zucken erschreckt zusammen. Einigen entfahren spitze Schreie, andere versuchen, angesichts zahlreicher Zuschauer die Fassung zu bewahren. Am Tisch neben mir hat sich eine Großfamilie zum Mittagessen verabredet und zelebriert die Zusammenkunft ausgelassen. Die Sonne legt sich bleiern über den vegetationslosen Platz. In den oberen Stockwerken werden die letzten Fensterläden geschlossen.

Der Carrer Jaume II. führt zur Plaça Cort, die durch das barocke *Ayuntamiento*[19] beherrscht wird. 1680 wurde es fertig gestellt, zunächst als Universitätsgebäude. Ein imposanter Eckbau mit klarer Fassadengliederung, aufwendigen Fenstereinfassungen und weit hervorkragender Dachkonstruktion.

Wahrscheinlich genauso alt ist der knorrige Olivenbaum in der Mitte des Platzes, den man vermutlich unter großem Aufwand

---

[18] cortado (span.) – „Gekürzter" (kleiner Kaffee mit Milch)

[19] Ayuntamiento (span.) – Rathaus, Stadtverwaltung; hier zusätzlich Eigenname des Gebäudes; mallorquinische Bezeichnung: Ajuntament

hierher verpflanzt hat. Für sich genommen durchaus eindrucksvoll, wirkt er hier verloren. Er ist schlicht zu klein für die Platzsituation.

Weniger mächtig als das *Ayuntamiento*, aber nicht minder interessant finde ich das Haus nebenan. Arabische Überhalbkreisbögen weisen auf die architektonischen Vorbilder hin. Can Corbella stammt aus einer Zeit, in der das bauliche Zitat zum beherrschenden Stilmittel wurde. Ende des 19. Jahrhunderts baute man in Palma auch im „Neo-Mudéjarstil"[20].

Gleich um die Ecke findet sich eines der Vorbilder: der Almudaína-Bogen. Er stellte in maurischer Zeit das Tor zur Medina dar, dem inneren Residenzbereich. Neueren Forschungen zufolge soll er bereits Teil der zweiten römischen Stadtmauer gewesen sein, die im 5. Jahrhundert zum Schutz vor den Vandalen errichtet wurde. Tiefe Erosionsrinnen im Sandstein sprächen dafür.

Der Bogen markiert für mich den Auftakt zu einem Spaziergang durch die verwinkelten Gassen der inneren Altstadt. Zum Teil sind sie selbst für einspurigen Autoverkehr zu eng. Ich liebe es, mich wie zufällig durch das Straßengewirr zu bewegen – im Kopf die grobe Richtung und wenige Fixpunkte, etwa das Kloster Sta. Clara oder die Jesuitenkirche Montesión. Stimmungen aufnehmen, Stadt spüren.

Hinter schlichten Außenmauern und schweren Eichentüren verbergen sich Palmas Stadtpaläste. Hin und wieder erlaubt ein geöffnetes Tor einen Blick in einen der so genannten *patios*[21]. Blumenarrangements, Brunnen und starke Säulen sind wiederkehrende Elemente. Auf weit gespannten Korbbögen ruhen die Obergeschosse. Bei größeren Höfen führen Freitreppen nach oben. Diese Häuser sind im Laufe der Jahrhunderte von den einflussreichen mallorquinischen Familien erbaut worden. Auch heute noch werden sie größtenteils von ihnen unterhalten. Das gesellschaftliche Leben, das sich früher in den *patios* abgespielt

---

[20]   vgl. *Tag 4: Jahresringe in Stein*
[21]   patio *(span.)* – Innenhof

22

haben soll, hat allerdings nachgelassen. Viele Türen sind verschlossen. Nicht zuletzt wegen allzu neugieriger Passanten.

Im Carrer Ramon Llull werde ich unsanft von der Neuzeit eingeholt – in Form eines abrupt bremsenden Vorderladers vor meinen Füßen. Durch schimpfende Bauarbeiter und stehende Autos bahne ich mir einen Weg zum Kloster San Francisco[22]. Dort offenbart sich mir der Grund für den zähen Verkehr. Der Vorplatz ist zugeparkt und bevölkert von Horden quirliger Kinder. Sie verbreiten wildes Siegesgeheul in enormer Lautstärke. Aus dem Kloster quellen ständig weitere nach. Es dauert, bis ich System in der Bewegung erkenne: Es ist Schulschluss. Die Kinder werden abgeholt.

Gegen den Strom drängle ich mich in den Kreuzgang. Dort wird es ruhiger. Die Stimmen verhallen allmählich. Schließlich bin ich allein. Am feingliedrigen Säulengang nagt der Zahn der Zeit. Kapitelle und Spitzbögen sind zum Teil stark verwittert, zum Teil bereits originalgetreu restauriert.

Die Klosterkirche ist aus der Achmed-Jalafa-Moschee hervorgegangen. Das war nach 1230 durchaus gängige Praxis. Bestehende Gebetsstätten wurden weitergenutzt und so bald wie möglich umgebaut. San Francisco zwischen 1281 und 1384. Entsprechend überwiegen innen wie außen gotische Stilelemente. Im Turm aber ist etwas von einem Minarett erhalten geblieben.

Hinter dem Altar ruht Ramon Llull. Und das bereits seit siebenhundert Jahren. Sein Sarkophag ist erstaunlich klein. Llull (1235–1316) ist eine der bedeutenden Persönlichkeiten der Inselgeschichte. Als Gelehrter und Missionar kam er zu großem Ansehen. Nach einer durchaus ausgelassenen Lebensphase als Page am königlichen Hof beschloss er mit knapp dreißig Jahren, sein weiteres Leben der Religion zu widmen. Er verließ Frau und Kinder, unternahm Pilgerreisen, zog sich als Eremit auf den Berg Randa zurück, gründete eine Priesterschule und unternahm anschließend verschiedene Missionsfahrten zur Bekehrung von „Ungläubigen". Auf seiner letzten Reise in Nordafrika kam er um – angeblich durch Steinigung seitens aufgebrachter Moslems. Genau überliefert ist das nicht. Da er aber bereits einmal

---

[22]   *mallorquinische Schreibweise: „St. Francesc"*

knapp einem derartigen Ableben entgangen war, hat sich diese Version schließlich durchgesetzt.

In seiner Gruft ist für Unterhaltung gesorgt: Ein Knopfdruck, und der Altarbereich erstrahlt in vollem Lichterglanz. So als wäre er aus tiefem Schlaf erwacht. Leuchtendes Gold und funkelndes Silber, es schimmert in allen Farben. Allerdings nur kurz. Dann fällt das Kirchenschiff wieder in seinen Dämmerzustand zurück.

Draußen ist der Vorplatz verlassen. Die Schüler sind verschwunden, kaum noch ein Auto ist zu sehen. Einzig ein weiterer berühmter Sohn der Insel steht in Bronze gegossen auf seinem Sockel. Juníper Serra (1714–84) aus Petra ging als Franziskaner-Missionar in die Neue Welt und richtete an der amerikanischen Westküste eine Missionsstation ein. Heute gilt er als Gründer der Metropole San Francisco.

Nach wenigen Schritten stehe ich vor den Türen von Sta. Eulalia. Die Kirche ist geschlossen. „Wie immer", denke ich. Der mächtige Baukörper grenzt direkt an die Gassen des alten jüdischen Viertels und fällt deswegen kaum auf. Nur von der vorgelagerten *plaza* aus werden die Dimensionen deutlich. Auffällig ist der aufstrebende Turm. Erst zu Beginn des 20. Jahrhunderts wurde er nachträglich an den mittelalterlichen Baukörper angefügt.

Direkt benachbart eine aufwendige Operation an historischer Bausubstanz: Einen gesamten Baublock hat man entkernt, ohne die denkmalgeschützten Außenmauern niederzureißen. Diese werden nun von einem aberwitzigen Stahlskelett gestützt, bis ein Neubau im Inneren wieder die notwendige statische Festigkeit gewährleisten soll. Die Altstadt wird neu organisiert – und soll doch ihr Gesicht wahren. Dem Stadtbild kommt das zugute.

Die frühen Jahrhunderte muss man suchen. Zum Beispiel in Hinterhöfen: Die *banys àrabs*[23] liegen versteckt in einer kleinen Gartenanlage am Carrer Can Serra. Sie stammen aus der Mitte des 10. Jahrhunderts und markierten einst den Rand der Medina.

---

[23] *banys àrabs (mall.) – Arabische Bäder*

Trotz der typischen Überhalbkreisbögen müssten sie eigentlich „Römische Bäder" heißen, denn die Mauren hatten für ihre Dampfbäder das Hypocaustenprinzip der Römer kopiert. Erhitzte Luft wurde durch einen doppelten Boden geführt, darüber geleitetes Wasser auf diese Weise verdunstet. Von den typischen Elementen sind bei dieser Anlage das *Tepidarium*[24] und das *Caldarium*[25] erhalten, ein *Frigidarium*[26] gibt es nicht mehr.

Die Enge der Altstadt hinter mir lassend, betrete ich hinter einem wuchtigen Tor die meerseitigen Reste der Befestigungsanlage. Weiter Blick auf tiefblaues Wasser. Rechts erhebt sich der monumentale Bau der Kathedrale. Die Sandsteinfassade schimmert im rötlichen Licht der Abendsonne. Direkt zu meinen Füßen liegt der Parc de la mar. Künstlich dem Wasser abgetrotzt dient er als Verkehrsträger, als Freifläche und – indirekt – dem Gebäudeschutz. Früher reichte das Meer bis an die Wallanlagen und nagte bisweilen an den historischen Bauten.
Ich spüre den Tag in den Beinen. Mit einer *coca amb verdura*[27] setze ich mich auf eine der Steinbänke an der seeseitigen Fassade der Kathedrale und blicke auf die Bucht. Algier ist näher als Barcelona.

Passeig des Born und Rambla sind frühe Durchbruchstraßen aus der Mitte des 19. Jahrhunderts. Sie zeichnen sich durch einen breiten Flanierbereich in der Straßenmitte aus. Verbunden werden diese Achsen durch die Plätze Rey Joan Carlos I., Mercat und Weyler. Im Umkreis von wenigen hundert Metern lässt sich die gesamte jüngere Architekturgeschichte nachvollziehen. Vorbei an den Renaissancepalästen Can Sólleric und Can Berga, vorbei an den viel fotografierten Jugendstilfassaden der Can Casasayas und des Gran Hotel und vorbei am neoklassizistischen Teatre Principal gehe ich zurück.

An der Plaça Weyler schließt sich der Kreis: Sie grenzt westlich an die Plaça Mayor. Allerdings mit erheblichem Niveauunter-

---

[24]   *Tepidarium (lat.) – Raum mit lauwarmem Wasser*
[25]   *Caldarium (lat.) – Warmbad*
[26]   *Frigidarium (lat.) – kaltes Bad*
[27]   *coca amb verdura (mall.) – Blechkuchen mit Gemüseauflage*

schied, der durch eine große Freitreppe ausgeglichen wird. Hier floss einst der Riera. Heute ist nur noch ein kleiner Straßenabschnitt nach dem *torrente*[28] benannt. Bereits im 15. Jahrhundert wurde er in sein heutiges Bett weiter westlich umgeleitet.

---

[28] *torrente (span.) – Sturzbach, periodisch Wasser führend*

4. Tag: Jahresringe in Stein

Stadtgeschichte ist faszinierend. Gebäude konservieren Ereignisse, sind Zeugen der Vergangenheit. Jahresringe einer Stadt. Wie die meisten urbanen Zentren wird Palma von innen nach außen jünger. In der Altstadt jedoch ist eine eindeutige Zonierung problematisch: Jahrhunderte sind kaum voneinander abzugrenzen. Epochen greifen räumlich ineinander. Stetige Veränderung hat ein Mosaik der Architekturen entstehen lassen.

Bauliche Zeugnisse der Medina Mayurqa sind rar. Aber ihre Atmosphäre ist präsent. Tradierte orientalische Handwerkstechniken zieren spätere Gebäude. Und es gibt eine Reihe von Bauten, deren Wurzeln in arabische Zeit zurückreichen. Heute werden sie schrittweise wieder sichtbar gemacht. Der Kern der Stadt wird freigelegt.
Der Königspalast, über lange Zeit das Zentrum der Macht, trägt nicht nur einen maurischen Namen. „Almudaína" wurde einst als Sitz der Wesire errichtet. Er muss ausgesehen haben wie eine der großen Kasbahs, die man heute noch im Süden Marokkos findet. Im Laufe der Jahrhunderte wurde die Anlage vielfach umgebaut, ihr Ursprung zunehmend unkenntlich. Die vier Ecktürme, die zentrale Torre de l`Angel und der *gran arco*[29] stammen jedoch aus der Zeit vor 1230.
Letzterer verband einst das vorgelagerte Hafenbecken mit der Bucht. Heute erfordert die Vorstellung direkt am Palast festmachender Boote Phantasie. Im künstlichen Bassin unter der alten Hafeneinfahrt vergnügt sich ersatzweise eine Familie schwarzer Schwäne. Getrennt durch den Parc de la mar liegt Almudaína etwa zweihundert Meter von der Küstenlinie entfernt.
Auch im Inneren treten historische Spuren hervor. Jüngst wurden die Bäder aus arabischer Zeit der Öffentlichkeit zugänglich gemacht. In anderen Räumen werden Schnitzwerk und Bemalungen im Mudéjar-Stil restauriert: Deckenbalken und Kassettierungen sind mit aufwendiger Ornamentik verziert, die – ob-

---

[29] *gran arco (span.) – großer Bogen; gemeint ist die alte Hafeneinfahrt zum Almudaína-Palast.*

wohl erst nach der *reconquista* angefertigt – auf islamische Traditionen zurückgeht.

Die orientalischen Handwerkskünste nämlich blieben weiterhin gefragt. Kunsthandwerker waren die Ersten, die es in der christlichen Gesellschaft zu Freiheit und Ansehen brachten. In seiner Grundbedeutung bezeichnet der Begriff *mudéjar* einen unter Christen lebenden Moslem. Heute wird er meist im kunsthistorischen Kontext verwandt.

Der Almudaína-Palast verfügt über eine Armada von Fremdenführern. Sie müssen peinlich genau darauf achten, dass sie sich gegenseitig nicht in die Quere kommen. Als einzelner Besucher kann man die Räumlichkeiten allein besichtigen, Gruppen bekommen einen *guía*[30] zugeordnet. Im riesigen Salon Gótico treffe ich auf vier Gruppen gleichzeitig. Per Handzeichen kommunizieren die Vortragenden miteinander und erteilen sich gegenseitig das Wort. In der Regel ähneln sich ihre Ausführungen. Für Hingabe und Details fehlt die Zeit. Das Publikum ist es nicht anders gewohnt und trottet hinterher.

An einigen Tagen im Jahr leben die alten Gemäuer auf. Aus profaner Besichtigungsstätte wird wieder Bühne der Weltpolitik. Touristen werden ersetzt durch Staatsgäste. Speziell im Sommer, wenn die königliche Familie auf Mallorca weilt, wird Almudaína gern für Repräsentationszwecke genutzt. Besucher stehen dann vor verschlossenen Türen.

Manchmal liegt das Ende vor dem Anfang. Die Suche nach mittelalterlichen Rundbögen gestaltet sich deswegen schwierig. Die Romanik wird für Spanien bis etwa 1200 datiert. Mallorca erreichte sie nach der *reconquista* (1230) nur noch abgeschwächt.

Auf Mischformen mit der Gotik trifft man häufiger. Aber nur wenige Gebäude auf der ganzen Insel wurden nach grundlegend romanischen Prinzipien errichtet. Die Epoche beschränkt sich auf einige frühe Kapellen wie St. Pere in Escorca, Sta. Anna bei Alcúdia oder St. Miquel bei Campanet. Ausnahmslos handelt es sich um sehr kleine Gotteshäuser. Mit geringen Mitteln wurden sie in Gegenden errichtet, in denen sich keine bereits vorhan-

---

[30] *guía (span.) – Fremdenführer, Reiseleiter*

denen Gebetsstätten nutzen ließen. Überwiegend wurden nämlich zunächst die bestehenden Moscheen durch einen einfachen
Weiheakt zu christlichen Kirchen gemacht.

Eine der kleinen romanischen Kapellen ist El Temple. Ich finde
sie versteckt im Innenhof der Almudaína la Gumara im Carrer
Temple. Von dieser ursprünglich ebenfalls maurischen Pa-
lastanlage ist heute noch das Torhaus erhalten, ein finster wir-
kendes Gebäude. Doch das Tor führt in ein kleines Hinterhof-
idyll: Der Verkehrslärm ebbt ab, spielende Kinder sind zu hören, Geräusche aus den Wohnungen und sogar einige Vögel, die
sich bis hierher vorgewagt haben. Ein schmaler Zuweg führt
zum Eingang. Das Kirchlein wurde direkt nach der *reconquista*
vom Templerorden errichtet (1234). Bis auf zwei originale
Rundbögen ist allerdings kaum noch etwas vom Ursprungsbau
zu sehen, denn 1885 fand eine umfangreiche Renovierung statt.

Die Zeit der großen öffentlichen Kirchbauten in Palma begann
nach 1300 unter Jaume II. Erst der wirtschaftliche Aufschwung
im jungen mallorquinischen Königreich erlaubte es, die bis dahin genutzten Moscheen zu ersetzen bzw. umzubauen. Vorher
waren es allein große Ordensgemeinschaften wie Franziskaner
oder Augustiner, die sich Kirchbau im größeren Stil leisten
konnten.

Der Übergang zur Gotik war inzwischen weitgehend vollzogen:
Markante Konstruktionsprinzipien und Dekorationselemente
dokumentieren die neue Bauepoche. Man errichtete eine Vielzahl von Sakralbauten – nicht zuletzt, um die „neue Religion"
auch baulich zu manifestieren.

Ein Großteil der Kirchen Palmas stammt aus dieser Zeit. Entsprechende Stilelemente wie aufstrebende Spitzbögen, Maßwerkfenster[31], krabbenbesetzte[32] Türme und Wasserspeier sind
im heutigen Stadtaufriss allgegenwärtig. Auch im Profanbau
fanden sie Verwendung. Einschlägige Beispiele sind die ehemalige Handelsbörse Llotja (1426–48) und das hoch über der
Stadt gelegene Castillo de Bellver, 1309 als weitere Königsresi-
denz fertig gestellt.

---

[31] *Maßwerk – Ornament zur Untergliederung und Stabilisierung einer Fenster-
fläche*
[32] *Krabbe – Ornament in Blattform, z.B. an Kanten von Fialen*

Die Börse, bereits von Jaume I. geplant, brauchte gut zweihundert Jahre bis zu ihrer Realisierung. Als „Kathedrale des Geldes" ersonnen, lädt sie heute den interessierten Passanten zu wechselnden Kunstausstellungen. Direkt an der Hafenpromenade, in unmittelbarer Nähe vom Almudaína Palast, hat man ihr vor dem Hauptportal eine hübsche Platzsituation geschaffen, die Plaça Llotja. Bei einem *cortado*[33] betrachte ich das Bauwerk: Ein hoher dreischiffiger Bau erhebt sich vor mir, die Gewölbe getragen von eleganten Spiralsäulen ohne Basis und Kapitell. Dominant die vier Ecktürme. Dazwischen verlaufen Zinnengalerien mit Ziertürmchen und prächtigen Wasserspeiern. Die glatten Wände werden unterbrochen durch Portal und hohe Maßwerkfenster. Sakrale Gestaltung. Handel unter Protektion des Himmels. Reichtum als Gabe Gottes.

Der Weg zum Castillo de Bellver ist weit, aber er lohnt die Mühe: Die Burg liegt erhöht und ist von weither sichtbar. Wichtiger war den Erbauern allerdings die eigene Fernsicht. Der Name ist Programm. Als gut gesicherte Festung in strategisch günstiger Lage war sie ausgestattet mit Burggraben und Zugbrücke. Eine Besonderheit ist die kreisförmige Anlage. Orientalischer Einfluss ist auch hier unverkennbar. In der Außenfassade überwiegen gedrungene Fenster. Im Innenhof wird der architekturhistorische Übergang offensichtlich: Der *patio de armas*[34] wird eingefasst von zwei übereinander liegenden Arkaden, die untere versehen mit Rundbögen, die obere mit Spitzbögen.

In einer Besichtigung der Kathedrale liegt der eigentliche Zweck der meisten Tagesausflüge nach Palma. Erst dieser gewaltige Kirchbau, von den Mallorquinern *Sa Seu*[35] genannt, scheint dem Stadtspaziergang eine Art höheren Sinn zu verleihen. Wie bei einem Weiheakt reiht man sich in die meist lange Schlange ein und folgt der Prozession zur Kasse. Die Kathedrale von Palma wird in einem Atemzug mit den Domen in Mailand oder Köln genannt, und das zu Recht, wie ich finde. Ich stehe vor einem Bauwerk von gewaltigen Ausmaßen. Erst aus einiger Entfernung, etwa vom Parc de la mar oder vom Ha-

---

[33]   cortado (span.) – „Gekürzter" (kleiner Kaffee mit Milch)
[34]   patio de armas (span.) – Waffenhof
[35]   sa Seu (mall.) – „die Seine"

30

fen aus, zeigt es seine ganze Monumentalität. Sogar von den entfernten Gipfeln der Serra Tramuntana kann man es als deutlichen Identifikationspunkt in der Stadtsilhouette erkennen.

Dem Bau liegen romanische Konstruktionsprinzipien zugrunde: vom Mittelschiff überragte Seitenschiffe, Obergadenfenster[36] sowie ein langer, nicht umgehbarer Chor – eigentlich eine typische Basilika. Davon abgesehen überwiegen gotische Elemente: Im Innenraum finden sich die Wände aufgelöst. Die Last der Deckenkonstruktion ruht scheinbar auf wenigen schlanken Säulen, wird aber zudem abgeleitet auf ein massiges Strebwerk, dessen Bögen die Fassade von außen stützen. Die Fenster sind durch Maßwerk gegliedert und tragen zur Gewichtsverteilung bei. In der äußeren Erscheinung dominieren – bei gedrungener Gesamtwirkung – Spitzbögen, Fialen[37] und krabbenbesetzte Türme.

Der Bau an der Kathedrale hat sich über einen beträchtlichen Zeitraum hingezogen. Begonnen im Jahre 1306 mit der Apsiskapelle wuchs die Kirche über Jahrhunderte von Ost nach West. Spätestens im 15. Jahrhundert war der Bau so weit fortgeschritten, dass die alte Hauptmoschee – bis dahin noch genutzt – abgebrochen wurde. Erst gegen 1900 wurden die Baumaßnahmen mit der endgültigen Fertigstellung der Westfassade abgeschlossen. Zu Beginn des 20. Jahrhunderts folgte die Reorganisation des Innenraums durch Antonio Gaudí.

Folge der langen Bauzeit ist stilistische Vielfalt. Das Hauptportal, die Puerta de Almudaína (1592–1601), zeigt Elemente der spanischen Renaissance. Als Besonderheit brachte sie den maurisch beeinflussten „plataresken" Baustil hervor. Die Bezeichnung *plataresco* ist dem filigranen Handwerk der *plateros*[38] entlehnt. Typisch ist eine kleinteilige Ornamentik, wie sie in der Kassettierung des Portals zum Ausdruck kommt. Der Islam verbot die Abbildung von Menschen, sodass im arabischen Kulturkreis das Arbeiten mit Dekoren perfektioniert wurde.

Im Inneren der Kathedrale wünsche ich mir, ein einziges Mal allein die Weite dieses Raumes spüren zu können – ein frommer Wunsch angesichts der durchziehenden Besucherströme. Ich

---

[36] *Obergaden – Fensterzone oben im Mittelschiff einer Basilika*
[37] *Fiale – Türmchen, vorwiegend auf Strebefeilern*
[38] *platero (span.) – Silberschmied*

kann die Zahl der Menschen nicht abschätzen, die von Kapelle zu Kapelle vorrücken, in den Bänken Platz nehmen und den Chorbereich inspizieren. Es erscheint gedrängt, und doch ist der Raum leer. Mich beeindrucken die scheinbare Leichtigkeit der Konstruktion und die Wirkung des Lichts. In konstruktiver Hinsicht ist der Bau ein Meisterwerk: Mit minimalem Materialeinsatz ist ein größtmöglicher Raum umbaut worden. Die Maße sind vergleichbar mit denen in Köln und Mailand, die Realisierung aber hat früher stattgefunden. Man baute permanent an der Grenze des technisch und konstruktiv Möglichen. Es verwundert nicht, dass die Baugeschichte von Gewölbe- und Rosetteneinstürzen begleitet wurde. Allein die Rosette der Ostfassade stellt für sich einen Superlativ dar: Mit zwölfeinhalb Meter Durchmesser ist sie die größte der Welt. Auf einhundert Quadratmetern setzt sie sich aus über eintausendzweihundert Einzelgläsern zusammen. Im Wechselspiel mit den anderen bunt verglasten Fenstern taucht sie das Innere der Kirche besonders am Vormittag in ein wunderbares Licht.

Renaissance als „Wider-Geburt": Palma schöpfte Kraft aus Bedrohung, reagierte auf äußeren Druck mit innerer Stärke. Blühender Handel und wachsender Reichtum charakterisieren das 16. Jahrhundert – aber auch verheerende Übergriffe türkischer Freibeuter, regelrechte Heimsuchungen. Die alten Stadtmauern reichten nicht mehr. Bastionäre Anlagen wurden errichtet, um die Stadt gegen die sich fortwährend weiterentwickelnde Technik der Feuerwaffen zu schützen.

Innerhalb der Befestigungen wurde ebenfalls gebaut. Man wähnte sich in Sicherheit. Privatleute waren zu Geld gekommen und suchten dies durch adäquate Behausungen auszudrücken. Öffentliche Gebäude kamen hinzu, Kirchen kaum. Stilistische Merkmale waren symmetrische Fassadengliederungen, figürliche Einfassungen von Fenstern und Türen sowie hervorkragende Dächer.

Ein frühes Beispiel ist die Casa de l`Almoína (1529). Ich möchte behaupten, dass fast jeder, der einmal einen Rundgang durch Palma gemacht hat, dieses Gebäude kennt – häufig ohne es zu wissen. Heute nämlich ist das ehemalige Almosenhaus der Eingang zur Kathedrale.

Als spätes Beispiel wird oft der Consulado del mar (1614–1669) genannt, direkt neben der Llotja gelegen. Einst war er Nautikerschule und Seegericht, heute dient er der Regionalregierung als Sitz. In seiner Loggia findet das Motiv des Korbbogens als stilistisches Merkmal besondere Betonung. Statisch höchst problematisch, ist die gestalterische Wirkung äußerst effizient: Klar und harmonisch ruht das Gebäude in sich – ein Eindruck, der sich angesichts der vielen Stadtpaläste verfestigt, bei denen der Korbbogen in den *patios*[39] seine Kraft entfaltet.

Im Barock setzten sich diese Tendenzen fort – unter zunehmender Üppigkeit in der Gestaltung. Im 17. und 18. Jahrhundert entstanden Gebäude wie das *Ayuntamiento* (1649–80), Can Vivot (ca. 1725), Can Berga (ca. 1760) oder Can Sólleric (ca. 1763).

Zu einer einschneidenden Veränderung kam es allerdings im Kirchbau. Nachdem vorher öffentliche Gelder für den Bau der Bastionen verwendet werden mussten, konnte nun wieder in Sakralarchitektur investiert werden. Revolutionär war die Ablösung des gotischen Kreuzrippengewölbes durch das Tonnengewölbe. Erstmals verwirklicht in der Jesuitenkirche Montesión (Baubeginn 1571), fand es in der Klosterkirche Sta. Clara (Anfang 17. Jahrhundert) und der Augustinerkirche Socors (1691–94) weitere Anwendung. Nach außen wirken die Barockkirchen überraschend schlicht. Häufig sind sie sogar in umgebende Gebäudekomplexe eingebaut. Innen aber sind sie in der Regel üppig ausgestattet.

Der späte Barock zeichnet sich durch die Besonderheit elliptischer Grundrisse aus. Eine derartige Formgebung ist im Kapitelsaal der Kathedrale (1696–1701) und in St. Antoni Abad (1757–68) anzutreffen. Letztere ist heute keine Kirche mehr, sondern in ein Bankhaus eingegliedert und in der Straßenfront kaum zu erkennen. Tritt man jedoch durch das Eingangstor, so öffnet sich ein faszinierender Innenhof. Eine kleine elliptische Grundfläche wird von zwei übereinander liegenden Arkaden eingefasst – der einstige Kreuzgang.

---

[39] *patio (span.) – Innenhof*

An anderer Stelle bereitet die Vielfalt der Motive zusammen mit der Enge des Raumes dem Fotografen Probleme: So sehr ich mich bemühe, ich finde nicht den richtigen Standpunkt, den richtigen Winkel, das richtige Objektiv. Es ist schlichtweg unmöglich, ein Foto zu machen, das dieses Haus in geeigneter Form abbilden würde. Ich spreche von der Can Forteza Rey, 1909 südlich der Plaça Mayor erbaut. Der Facettenreichtum von Fassade, Fenstern, Balkonen und Erkern lässt den Augen keine Ruhe. Das Gebäude ist eines der zahlreichen aufwendig verzierten Jugendstilhäuser Palmas, die um die Wende zum 20. Jahrhundert entstanden sind – meist im stark überzeichneten Gaudí-Stil.

Die Industrialisierung brachte Mitte des 19. Jahrhunderts eine Steigerung des Handelsaufkommens mit sich. Die Dampfschifffahrt ließ Entfernungen schrumpfen. Palma wurde zur wichtigen Drehscheibe des neuzeitlichen Seeverkehrs. Die erneute Aufschwungphase wird heute dokumentiert durch die Neubauten jener Zeit, die sich zunächst der Formen des Historismus und später des Jugendstils bedienten.

ANDRAITX

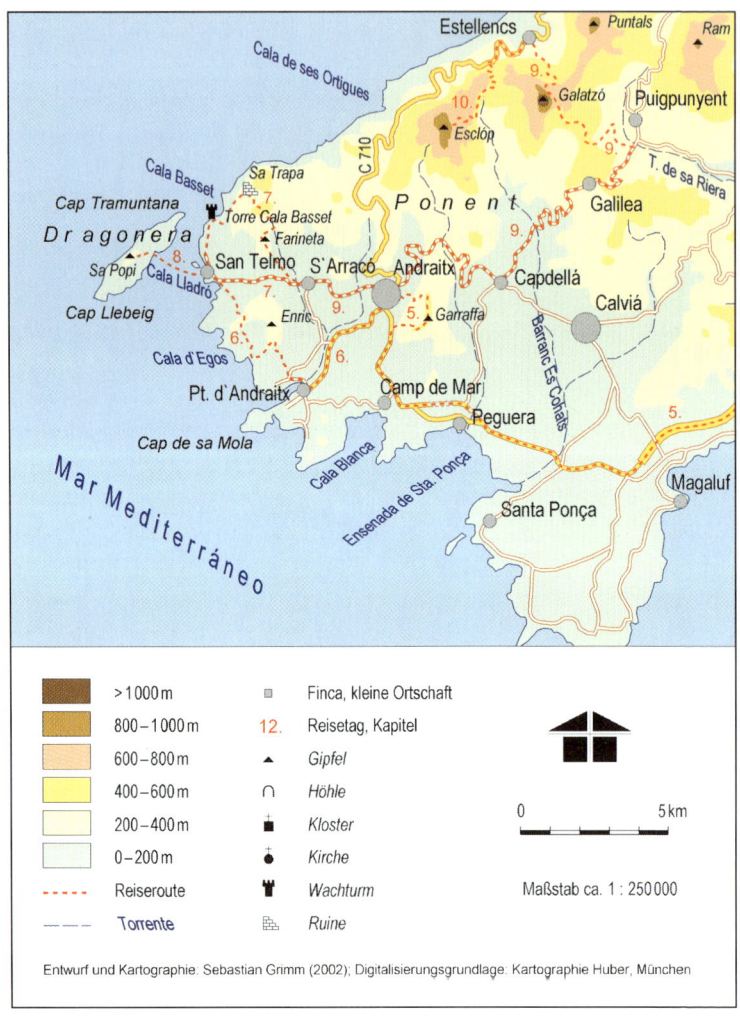

■	>1000m	▫	Finca, kleine Ortschaft	
■	800–1000m	12.	Reisetag, Kapitel	
■	600–800m	▲	Gipfel	
	400–600m	∩	Höhle	
	200–400m	▟	Kloster	
	0–200m	♠	Kirche	
- - - - -	Reiseroute	♜	Wachturm	
— — —	Torrente	🏛	Ruine	

0   5 km

Maßstab ca. 1 : 250 000

Entwurf und Kartographie: Sebastian Grimm (2002); Digitalisierungsgrundlage: Kartographie Huber, München

S. 35: Boote in Port d`Andraitx, im Hintergrund Galatzó (rechts) und Esclóp

5. Tag: Andratx oder Andraitx?

„Andraaaaatsch" brummt der kauzige Busfahrer und bringt sein Gefährt mit mehreren Bremsschüben zum Stehen. Charakteristischer kann man die „aitx"-Endung nicht betonen. Müde blinzele ich in den jungen Tag, während ich aussteige. Ich mag den „Ponent", den Südwesten. Man kann ihn förmlich riechen. Der von den Aleppokiefern ausströmende Pinienduft ist allgegenwärtig. Die Tramuntana ist weniger hoch als im Norden, ihr Fels nicht so schroff. Bei unsicheren Wetterlagen hat man hier gute Aussichten, von Regengüssen verschont zu bleiben.

Während der Busfahrt konnte ich den Blick auf die beiden höchsten Berge der Region genießen. Die Silhouetten von Galatzó (1 026 m) und Esclóp (926 m) setzen sich morgens majestätisch gegen das dunstige Blau des Himmels ab. Eindrucksvoll ist auch die Ankunft in Andraitx. Aus Palma kommend passiert man zwei Straßentunnel und sieht dann links die Stadt im Tal liegen. Der Siedlungskern ist umgeben von fruchtbarem Grün. Intensive landwirtschaftliche Nutzung erstreckt sich bis zum vorgelagerten Hafen. Die *huerta*[40] von Andraitx. In exponierter Lage erinnern die Wehrkirche Sta. María, die Burg Son Mas und auf den umliegenden Hügeln einige *atalayas*[41] nachdrücklich an die unruhigen Zeiten der Piratenüberfälle.

Es ist noch kühl. Ein *carajillo*[42] hilft über die morgendliche Klammheit hinweg. Dann geht es los. Östlich von Andraitx liegt die Serra Garraffa. Sie ist nicht besonders hoch (461 m), aber der Aufstieg durch einen südlichen Taleinschnitt ist beschwerlich. Er beginnt etwas außerhalb des Ortes und führt über ein nicht enden wollendes Geröllfeld. Es geht steil bergauf. Außerdem ist es völlig windstill, und die Temperatur steigt beträchtlich. Eine schweißtreibende Angelegenheit.

Oben wird man für die Mühen belohnt – mit einem phantastischen Ausblick über die Südwestküste: Direkt vor mir Camp de Mar, im Westen Port d`Andraitx, San Telmo und die Isla Dra-

---

[40]   huerta (span.) – große Gartenanlage (vorwiegend Gemüse- und Obstanbau)
[41]   atalaya (span.) – Wachturm; vgl. Tag 7: Wilder Westen
[42]   carajillo (span.) – kleiner schwarzer Kaffee mit Brandy

gonera. Im Osten kann ich hinter Santa Ponça sogar die hintere Küstenlinie der Bucht von Palma im Dunst erahnen. Von oben sieht alles ganz friedlich aus, geradezu beruhigend. Unten an den Stränden aber wird einiges los sein, denke ich, und mache es mir auf einem größeren Felsen bequem. Zufrieden blinzele ich in die Sonne und lausche dem Wind, der sich in den Blättern fängt.

Dann mache ich mich zu einer ausgedehnten Sattelwanderung nach Norden auf, vor mir der Galatzó und links unten Andraitx. Die Serra Garraffa ist eine lang gestreckte Formation. Man bewegt sich über mehrere Kilometer auf etwa gleich bleibender Höhe. Nur wenige kleine Gipfel ragen um einige Meter heraus. Auf der höchsten Erhebung, ausgestattet mit guter Rundumsicht, steht ein neuzeitlicher Turm. Von hier aus wird in den heißen, trockenen Sommern Ausschau nach Brandherden gehalten. Man möchte frühzeitig reagieren können. Gerade im regenarmen Ponent sind derartige Präventionsmaßnahmen unerlässlich – trotzdem fallen immer wieder große Wald- und Macchiaflächen den Flammen zum Opfer.

Der Pfad senkt sich in ein kleines Wäldchen. Ein strenger Geruch hängt in der Luft. Der Verursacher lässt nicht lange auf sich warten. Ich vernehme ein leises Rascheln, dann sprengt ein stattlicher Ziegenbock aus dem Unterholz. Einen kurzen Moment steht er mir direkt gegenüber, senkt die Hörner und scheint zu überlegen, ob er mich als Gegner ernst nehmen soll. Ich wirke offenbar wenig bedrohlich, sodass er schnell das Interesse verliert. Als er wieder im Gebüsch verschwindet, folgen ihm einige Ziegen und Zicklein – eifrig darauf bedacht, einen sicheren Abstand von mir zu wahren. Bergziegen trifft man häufig in den entlegenen Bereichen der Tramuntana. Bereits vor Jahrhunderten verwildert, haben sie sich dieses Revier zu Eigen gemacht. Es bietet ausreichend Nahrung und genügend Rückzugsmöglichkeiten.

Der Abstieg nach Andraitx ist einfach. In gemächlichen Serpentinen verläuft ein Karrenweg bis zu den Ausläufern der Stadt. Er mündet bei Son Mas, einem Palast aus maurischer Zeit. Seit meinem letzten Besuch hat ein weitgehender Umbau stattgefunden, denn kürzlich ist hier das neue Rathaus eingerichtet worden. Die Gelder aus Tourismus und Immobilienge-schäften machen es möglich – auch wenn die Gemeinde An-draitx im Vergleich zum benachbarten Calviá ihren Küstenstrei-fen bislang eher in bescheidenem Ausmaß urbanisiert hat. Glücklicherweise.

Von Son Mas ist es nicht weit bis zur Garage des Busunterneh-mens „Autocares Pujol". Dort bin ich mit Tomeu verabredet. Ich kenne ihn von früheren Aufenthalten und habe mich ange-meldet. Trotzdem hat er nicht sofort Zeit. Er muss einige Fahrer über veränderte Flugankunftszeiten informieren und wedelt mit dem Telefonhörer, als ich das kleine dunkle Büro betrete. Eine halbe Stunde später gehen wir zu „seiner" Bar an der *plaza*.
Andraitx ist von den Auswüchsen des Tourismus verschont ge-blieben. Hier wohnen überwiegend Mallorquiner. Farben, Häu-ser und Menschen wirken stimmig und am richtigen Platz. Nur mittwochs herrscht Ausnahmezustand. Dann wird die Stadt von vergnügungssüchtigen Tagesausflüglern heimgesucht – es ist Markttag.
Vor der Bar Balear setzen wir uns an einen der freien Tische. Tomeu begrüßt einige Bekannte. Er stellt mich mit einer Be-merkung zu meiner Tagesleistung vor. So ernte ich verständnis-volles Nicken, als ich zwei *cañas*[43] auf einmal bestelle. Im Inne-ren der Bar bemüht man sich, jedes Klischee zu erfüllen, das der iberische Machismo hergibt: Es wird getrunken, geraucht, gespielt und über Fußballergebnisse philosophiert. Es werden Zoten gerissen und Kippen auf den Boden geworfen. Auch die Örtlichkeit verbreitet den Anschein, als ließe man sich hier ge-hen. Im ganzen Saal ist keine einzige Frau anwesend. *Hombre!*

Tomeu ist ein maßvoller, ruhiger Typ. Etwa Mitte dreißig, groß gewachsen, kurze dunkle Locken und wache Augen. Vom er-sten Moment an machte er auf mich einen sympathischen Ein-druck. Ein zurückhaltender, aber interessierter Mensch. Er wohnt im Ort und ist gebürtiger Mallorquiner. Seit Jahren ar-beitet er für „Pujol" – im Büro, vor allem aber als Fahrer.

---

[43] *caña (span.) – Bier vom Fass*

Es ist Zufall, dass er bereits am frühen Abend Zeit für mich hat. Der Job ist in der Saison selten bereits um diese Uhrzeit beendet. „Von März bis Oktober gibt es überhaupt keine geregelte Freizeit", erzählt er. „Acht Monate wird auf der Insel ausschließlich gearbeitet". Im Winter könne man sich erholen, wenn man nicht einer zusätzlichen Beschäftigung nachgehe. Die Insel werde dann deutlich ruhiger, denn nicht nur die Touristen würden weniger, sondern auch die *forasteros* verbrächten einige Monate in ihrer Heimat. „*Forasteros* sind Festlandspanier, die aus strukturschwachen Regionen wie Andalusien oder Extremadura kommen, um hier zu arbeiten", erklärt er. Von vielen Mallorquinern werden diese „spanischen Gastarbeiter" als Eindringlinge betrachtet. Man wird nicht müde, die Unterschiede in Sprache und Kultur zu betonen.

„Seit dem Ende der Franco-Diktatur ist der Wille zur Selbstbestimmung enorm gewachsen", sagt Tomeu. Die eigene Sprache, ein Dialekt des Katalanischen, war seinerzeit in Behörden und Schulen untersagt. Nun wird sie wieder gepflegt. Ob ich die übersprühten Ortsschilder gesehen hätte? Tatsächlich erinnere ich mich an einige Schilder älteren Datums, auf denen die kastilische Schreibweise durch die mallorquinische ersetzt wurde: Das spanische „Andratx" wurde mittels „i" aus der Spraydose kurzerhand zum mallorquinischen „Andraitx" vervollkommnet, aus „San Telmo" wurde „Sant Elm". Manchmal allerdings stritten die Mallorquiner auch untereinander um die richtige Schreibweise.

Als ich spät am Abend feststelle, dass ich noch keinen Gedanken an eine Unterkunft verschwendet habe, erzählt Tomeu von *tía*[44] Josefina und zückt sein Telefon. Sie vermietet einige Fremdenzimmer, und nach kurzem Gespräch ist alles organisiert. Zum Abschluss spendiert er einen *hierbas secas*[45], dann bringt er mich zu meiner Herberge gleich um die Ecke.

---

[44]   *tía (span.) – Tante*
[45]   *hierbas secas (span.) – mallorquinischer Kräuterschnaps; vgl. Tag 16: Zeit- oder Geldmaschine?*

6. Tag: Zwei Welten

Josefina ist eine resolute ältere Dame von enormen Ausmaßen. Sie hat das Zimmer bereits hergerichtet, und ich habe die nötige Bettschwere. Es kostet einige Mühe, sie davon zu überzeugen, dass ich nicht mehr zu Abend essen möchte. Als ich am nächsten Morgen aufstehe, hat sie ersatzweise ein besonders opulentes Frühstück vorbereitet. Ich wundere mich kaum, dass Tomeu unangekündigt auf einen *café con leche*[46] erscheint. Er hat Taxidienst und muss *clientes*[47] im Hafen abholen, ob ich mitwolle? Ich hatte ihn tags zuvor nach den Abfahrtzeiten des Linienbusses gefragt. Offensichtlich war er in der Lage, Dienstplan und Privatinteressen gut miteinander zu koordinieren. Er hat sogar Zeit, mich kreuz und quer über die Halbinsel La Mola zu chauffieren, um mir die Anwesen meiner prominenten Landsleute zu zeigen. Schließlich lässt er mich am Hafen aussteigen und deutet mit einer Zweifingergeste an, ich möge ihn anrufen.

Port d`Andraitx hat etwas von Westerland. Schaufensterreklamen wie „Schöner Wohnen", „Frische Brötchen" oder „Schiffsmotoren" sind nichts Ungewöhnliches. In Straßen und Cafés wird Deutsch gesprochen, Spanisch hört man selten, Mallorquí überhaupt nicht. Mir fällt zu dieser Szenerie ein Abschnitt aus dem Mallorca-Roman von Breloer und Schauhoff ein, in dem die Autoren gut situierte, aber chronisch gelangweilte Schulzes und Meyers auf seichten Parties über „ihr" wunderbares Andraitx schwärmen lassen.[48]
Sie meinen natürlich nicht die Stadt, sondern den Hafen. Entsprechend fehlen auch die großen Motoryachten unter deutscher Flagge nicht. Nachdrücklich dokumentieren sie die Einkommensverhältnisse der Residenten. Ich staune über die mächtigen Schiffe und wundere mich über belanglose, teils lächerliche Namen, die peinlich groß an steilen Bugwänden prangen. Nicht alle dieser Millionenobjekte werden tatsächlich bewegt. So manches Schiff bleibt im Hafen – zwar repräsentativ, aber seiner eigentlichen Funktion beraubt. Der Treibstoff für die PS-

---

[46] *café con leche* (span.) – Milchkaffee
[47] *cliente* (span.) – Kunde
[48] vgl. Heinrich Breloer / Frank Schauhoff: *„Mallorca, ein Jahr"* (Köln 1997)

Giganten ist einigen Besitzern dann doch zu teuer – das war jüngst einem Bericht über Yachteigner auf Mallorca zu entnehmen.

Die Fischerboote liegen in einem anderen Teil des Hafens. Hier dümpeln auch einige der typischen *llayüts*[49]. In zwei Stichkanälen liegen pittoresk aneinander gereiht die kleineren Boote.

Über dem Hafen liegt fortwährendes Hämmern. Es dringt von den umliegenden Bergen herüber. Unterschiedliche Klangfarben greifen rhythmisch ineinander. Setzt ein Ton aus, dann füllt der nächsthöhere die entstehende Lücke. Eine wirkliche Pause gibt es nicht. Als ich mich dem Ortsausgang in Richtung des Puig d`Enric nähere, sehe ich am Hang verstreut Kräne und anderes Baugerät. Auch hier – gegenüber der bereits weitgehend verbauten Halbinsel La Mola – sind es vorwiegend solvente Deutsche, die sich die Fundamente ihrer Villen unter großem Aufwand in den Fels rammen lassen. Meerblick – koste es, was es wolle.

Der Lärm der Bauarbeiten begleitet mich während des Anstiegs. Hinter dem ersten Sattel nimmt er ab, um bald darauf ganz zu verstummen. Plötzliche Wildnis. Das eben noch präsente Klopfen der zivilisatorischen Erschließungsarbeiten kommt mir von einem Moment auf den anderen unwirklich vor. Es bleibt der Wind in den Pinienwipfeln und das Rauschen der Meeresbrandung. Die Cala d`Egos liegt etwa zweihundert Meter unter mir. Dort will ich hin.

In windgeschützten Bereichen entfaltet sich intensiver Duft. Mal überwiegt Rosmarin, mal Thymian – stellenweise überlagert von Lavendel, seltener von Lorbeer. Es gibt kaum noch Pinien, der Weg verläuft durch Macchia, einen für den mediterranen Raum typischen Busch- und Strauchbewuchs.

Die Vegetationseinheiten der Insel werden vor allem durch das Klima geprägt, speziell durch die Anpassung an den Mangelfaktor Wasser. Hier im Ponent regnet es wenig (300 mm/Jahr) – das ist Voraussetzung für die Ausprägung dieser charakteristischen Buschlandschaft. Die Pflanzen müssen bis zu sechs tro-

---

[49] *llayüt (mall.) – mallorquinisches Segelboot in typischer Formgebung*

ckene Monate überstehen. Sie haben dafür unterschiedliche Mechanismen entwickelt: Durch ledrig glänzende Blattaußenwände, durch Einrollen oder Schrägstellen der Blätter schränken sie die Verdunstung ein. Oder eben durch das Verströmen von ätherischen Ölen. Das erweckt manchmal den Eindruck, als ginge man durch einen Gewürzgarten der mediterranen Küche. Charakteristische Vertreter neben den „Gewürzen" sind Mastix, Zistrose, Baumheide, Ginster, Zwergolive, Wildolive und Wacholder. Besonders schön ist die Macchia, wenn während der Blüte ganze Berghänge in ein wahres Farbenmeer getaucht werden: Ginster erzeugt ein leuchtendes Gelb, Rosmarin ein kräftiges Blau und Baumheide ein sattes Lila.

Wenn es windstill ist, liegt über solchen Hängen ein vielstimmiges Konzert von unzähligen Insekten, die sich an der üppigen Blütenpracht delektieren. Ein breites Angebot für Hummeln, Bienen und weitere gelbschwarz Gestreifte, deren Namen mir nicht geläufig sind.

Die Macchia reicht bis hinunter zur *cala*[50]. Dort nehme ich den kleinen Strand in Beschlag. Ich bin allein, finde aber frische Spuren eines Lagerfeuers – wahrscheinlich ein Bootsausflug am Vortag. Heute fahren nur größere Schiffe. Eine raue See nagt am Fels und spült ihre kiesige Beute an den Strand. Ich belasse es bei einem Fußbad. Danach versuche ich, mir über den weiteren Wegverlauf klar zu werden. Diverse Pfade deuten in die richtige Richtung. Viele jedoch enden im Nichts, wie ich nach einigem Probieren feststellen muss. Leider gilt das auch für den, für den ich mich schließlich entscheide – anfangs hatte es gut ausgesehen. Was als leichte Wanderung begann, gerät zur Kletterei. Immer wieder muss ich von einem Felsplateau auf das nächste steigen, Bereiche mit Dorngestrüpp durchqueren und zur Orientierung den nächstgelegenen Zwischengipfel erklimmen. Oder einen Baum. Meist ist erst der übernächste Sattel der richtige. Davor öffnen sich regelmäßig schluchtartige Täler, die es zu queren gilt. Mallorca als Wanderrevier hat seine Tücken. Verlassene Winkel gibt es zuhauf, und die lokalen Medien berichten oft über Unfälle und Vermisste.

---

[50] cala (span.) – Bucht

Ich gelange schließlich zum Castillo von San Telmo, einer Wehrburg aus dem 16. Jahrhundert. Eine Treppe führt hinunter in das Dorf.

Es ist spät geworden. Ich stehe am Ortseingang, wo sich der wesentliche Teil des hiesigen Fremdenverkehrs abspielt. Am Strand gibt es ein größeres Hotel, einige Apartmentanlagen und Restaurants. Leider wird auch hier derzeit wieder gebaut. Folgt man aber der neuen Promenade in Richtung Ortsende, so werden zunehmend die alten Strukturen der Fischersiedlung sichtbar. Am Meer sind dem Sonnenuntergang zugewandte Bänke aufgestellt. Angenehme Atmosphäre, samtenes Licht. Auf eine Mauer aufgesprüht findet sich eine Parole gegen den Bau eines Sportboothafens. Dann leider wieder eine Großbaustelle. Auch dieser Ort beginnt seine Unschuld zu verlieren. Ich gehe die Straße bis zum Ende. Dort, wo man nicht mehr damit rechnen würde, entdecke ich ein einmalig gelegenes Restaurant. Die vorgelagerte Terrasse grenzt direkt an die Steilklippe. Ich bin der einzige Gast. Das ist nicht weiter erstaunlich, denn – wie sich herausstellt – ist geschlossen. Zwei Männer tragen Getränkekisten heraus. Zum Essen könne ich am nächsten Tag wiederkommen, für ein *Cruzcampo*[51] reicht die Zeit auch heute.

Juan und Felipe, Inhaber und Koch, kommen vom Festland. *Forasteros*, die seit Jahren auf Mallorca arbeiten. „Die Balearen sind durch den Tourismus zu einer der reichsten Regionen Spaniens geworden. Hier kann man gutes Geld verdienen", erklärt Felipe. Juan fügt hinzu, dass er noch nie so gut gewohnt habe wie hier, und deutet auf den Ausblick. Nach Valencia fährt er trotzdem so häufig wie möglich – er vermisst seine Stadt.

---

[51] *Cruzcampo – spanische Biermarke*

7. Tag: Wilder Westen

Mein Vermieter ist ein Schlitzohr aus Córdoba. Er hatte mich nach dem Gespräch mit Juan und Felipe abgefangen. Apartments gibt es viele in San Telmo, und wenn nicht gerade Hauptsaison ist, stehen meist einige leer. Daher das offensive Vorgehen. Sein Angebot kann sich sehen lassen. Preislich ist es – nach einigem Verhandeln – in Ordnung, ausschlaggebend ist aber die große Terrasse mit eigenem Zugang zum Wasser.

Der nächste Laden liegt direkt gegenüber der Bushaltestelle. Obwohl winzig klein, lässt die *tienda*[52] kaum Wünsche offen: Vor der Tür türmen sich Gemüse- und Obstkisten, direkt am Eingang steht ein kombinierter Wurst-, Käse- und Brottresen. In Regalen stapeln sich bis unter die Decke alle nur erdenklichen Waren. Lebensmittel, Haushaltsartikel, Souvenirs – ein Einkaufsparadies im Miniaturformat. Wenn man danach fragt, werden sogar Briefmarken hervorgezaubert. Betrieben wird der Laden von Francisca und Margarita, Mutter und Tochter. Wenn keine Kunden im Geschäft sind, sitzen sie auf Klappstühlen in den wenigen Lücken, die das Sortiment lässt, und erledigen nebenbei den Haushalt. Einkäufe auf dem Großmarkt besorgt der Vater. Er kommt gewöhnlich vormittags mit frischer Ware aus Palma. Margarita rät mir deswegen, mit dem Kauf von Obst noch zu warten.

Frühstück am Meer. Zwischen *panecillo*[53] und Milchkaffee plane ich den Tag. Nach Erledigung der restlichen Einkäufe stelle ich mich an die Haltestelle und warte auf den Bus. Nachdem etwa zwanzig Minuten verstrichen sind, gehe ich zurück in den Laden und frage Margarita, ob es Änderungen im Fahrplan gegeben habe. Sie zuckt mit den Schultern. „Verspätungen kommen vor", lässt sie mich im Ungewissen. Tatsächlich – nach wenig mehr als einer halben Stunde schiebt sich der Wagen groß und gelb um die Straßenecke. Um wenigstens jetzt Zeit zu sparen, wird die Endhaltestelle ausgelassen und gleich hier ge-

---

[52] *tienda (span.) – Geschäft, Laden*
[53] *panecillo (span.) – Brötchen*

wendet – eigentlich gibt es in San Telmo drei *paradas*[54]. Es habe einen Unfall gegeben, erklärt der Fahrer, die Straße sei für einige Zeit nicht passierbar gewesen. Bei der darauf folgenden Fahrt setzt er alles daran, die Verspätung wieder aufzuholen. Gelassen Kaugummi kauend jagt er das große alte Gefährt souverän durch enge Serpentinen. Hupen ist wesentlicher Bestandteil seines Handwerks, ausweichen müssen immer die anderen. An besonders delikaten Stellen dirigiert er verschreckte Touristen in Mietwagen mit einer Mischung aus Nachsicht und Ungeduld in die richtige Position, um den Bus an ihnen vorbeizusteuern.

In S`Arracó steige ich aus und schaue mich um. Eine kleine *plaza* mit Kirche, wenige Geschäfte und einige Bars. Ein gemütliches Dorf. Spröde Ursprünglichkeit vermischt mit einem Hauch von Aussteigertum. Im Café bedient ein langhaariger Kellner mit skandinavischem Akzent, während ältere mallorquinische Herrschaften bei Zigarre und *café solo* Neuigkeiten austauschen.

Außerhalb des Ortes, beim Friedhof, zweigt ein Sandweg von der Straße ab. Zur Farineta (330 m) geht es bald rechts hoch, und ich finde mich auf einem steilen und schlecht erkennbaren Pfad über Felsen und Geröll wieder. Oben treffe ich auf eine kleine Windschutzmauer. Der Ausblick ist phantastisch. Von hier aus kann man den weiteren Weg gut erkennen, muss allerdings feststellen, dass die Steilwand einen größeren Umweg erzwingt.
Ich muss zur „falschen" Seite absteigen. Und auch das wird erschwert, denn im weiteren Verlauf verliert sich der Weg zwischen verkohlten Baumstümpfen, umgestürzten Stämmen und überwuchernder Vegetation. Spuren eines Waldbrandes. Relief und Restpinienbestand lassen eine Orientierung immer nur bis zum nächsten Hindernis zu. Wegrelikte führen wiederholt ins Ungewisse. An einigen Stellen muss ich klettern, an anderen über entwurzelte Bäume balancieren, bis ich von einer Anhöhe aus wieder den Weg ausmachen kann.

---

[54] *parada (span.) – Haltestelle*

Er führt als breite Karrenschneise nach Sa Trapa hinauf, gesäumt von weitaus jüngeren Brandschäden als eben noch an der Farineta. Am Hang rußgeschwärzte Aleppokiefern. Frischer Unterwuchs fehlt noch. Erosionsspuren treten offen zutage – Abflussfurchen, Geröll, der nackte Bergaufschluss wild zerklüftet von den winterlichen Regenfällen. Kein Schatten, kein Luftzug. Es wird unglaublich heiß.

Am Sattel frischt der Wind auf. Zuerst fällt der Blick auf das Meer. Die Ruinen des Klosters übersieht man fast. Der erste Eindruck von Sa Trapa ist enttäuschend, denn seit mehr als einhundertfünfzig Jahren liegt das Gelände brach. Dementsprechend sind die Gebäude in desolatem Zustand.
Es waren französische Trappisten, die auf der Flucht vor den napoleonischen Truppen hier Zuflucht gesucht hatten. Ihre Anwesenheit blieb eine Episode von zwanzig Jahren, danach siedelten sie auf das spanische Festland über. Vor diesem Hintergrund erscheint Sa Trapa in anderem Licht. Die schweigenden Mönche haben einiges geleistet. Sie bauten Wohn- und Wirtschaftsgebäude und terrassierten den gesamten Taleinschnitt. In die Trockenmauern eingelassen finden sich bis heute Reste ihres Bewässerungssystems. Niederschläge wurden gesammelt, kanalisiert und per Überlauf auf einzelne Terrassen verteilt, jeweils von der höheren auf die darunter liegende.

An den Ruinen treffe ich auf eine Gruppe von Jugendlichen, die offensichtlich zum Arbeitseinsatz hier ist. Das Klostergelände gehört heute der *G.O.B.*[55], der Naturschutzorganisation der Balearen. Sie bemüht sich um den Erhalt der Gebäude und um die Wiederaufforstung der Flächen.
Ich gehe an der Kornmühle vorbei zur Aussichtsplattform. Unten das türkisblaue Wasser der Cala Basset, gegenüber auf einem Felsvorsprung der nach ihr benannte Turm[56], und im Hintergrund die Isla Dragonera. Zeit für eine *siesta*[57].

---

[55] *G.O.B. – Grupo Ornitologico Balear*
[56] *Torre Cala Basset – der Wachturm an der Cala Basset*
[57] *siesta (span.) – Mittagsruhe*

Der Abstieg ist schwieriger, aber auch schöner als der Aufstieg. Direkt hinter dem Kloster muss ein Felsvorsprung umklettert werden, danach geht es auf schmalem, schattigem Pfad hinab. Rechts unten rauscht die Brandung der Bucht. Dahinter bleibt der Wachturm sichtbar.

Atalayas[58] finden sich auf ganz Mallorca – immer in exponierten Lagen. Errichtet wurden sie größtenteils nach verheerenden Piratenübergriffen im 16. Jahrhundert, etwa zeitgleich mit den Befestigungsanlagen der Hauptstadt. Die Türme standen per Leucht- bzw. Rauchzeichen miteinander in Verbindung. Bei Angriffen wurde dadurch die Bevölkerung in den Ortschaften gewarnt und konnte in den großen burgartigen Wehrkirchen Zuflucht suchen. Zentrale Stelle des Meldesystems war die Torre de l`Angel im Almudaína-Palast zu Palma. Hier konnten Hilfsmaßnahmen eingeleitet werden.

Ich inspiziere den gut erhaltenen Turm und muss mich dabei fragen, was bei Überfällen mit den Wachhabenden geschah, die ohnehin ein armseliges Dasein zu fristen hatten.

Von der *torre*[59] aus ist es nicht weit zurück nach San Telmo. Dort bleibt noch Zeit für einen Sprung ins Meer und ein Sonnenbad auf der Terrasse, bevor ich mich auf den Weg zum Essen mache.

Im Restaurant herrscht Hochbetrieb. *„Buenas noches, como estás?"*[60], begrüßt mich Juan aufmerksam, obwohl er alle Hände voll zu tun hat. Die Terrasse ist gut besetzt, drinnen scheint eine größere Reisegruppe verpflegt zu werden. Ich zwänge mich an einen kleinen, etwas abseits stehenden Tisch, und Juan bringt einen *Moll*[61] aus dem *Pla I Llevant*[62] – frisch, fruchtig, trocken und kalt. Ich habe Zeit und kann mit dem Essen warten. „Das ist nicht nötig", antwortet Pepa, Juans Frau. Ihr Gesichtsausdruck verrät jedoch Züge der Erleichterung. So sitze ich entspannt inmitten von Betriebsamkeit, genieße die Aussicht und

---

[58] atalaya (span.) – Wachturm
[59] torre (span.) – Turm
[60] Buenas noches, como estás? (span.) – Guten Abend, wie geht´s Dir?
[61] Moll – auf Mallorca verbreitete Rebsorte
[62] Pla I Llevant (mall.) – größtes mallorquinisches Weinbaugebiet (im Südosten gelegen)

lasse die letzten Stunden des Tages vorüberziehen. Die Sonne entschwindet in prächtigem Farbenspiel hinter der Isla Dragonera. Wenig später wird diese bereits vom Mond in ein neues, geheimnisvolles Licht getaucht. Insbesondere während der Dämmerung erkennt man, dass die Insel ihren Namen zu Recht trägt. Wie ein schlafender Drache ragt sie aus dem Wasser. Etwas unheilvoll Drohendes ist in der Silhouette dieses Felsens verborgen. Drachen wachen in der Regel mit Getöse auf.

Nachdem die Reisegruppe sich verabschiedet hat, empfiehlt mir Felipe den *emperador*[63]. Fast alle anderen Gäste sind inzwischen gegangen. Juan deckt den Nebentisch für das Personal und fragt, ob ich mich dazusetzen will. Mit mir sind wir zu viert. Unvorstellbar, dass die drei diesen Abend ohne weitere Hilfe bewältigt haben. „Es gibt turbulentere Tage", antwortet Pepa.

Der Schwertfisch ist exzellent. Juan und Pepa erzählen von Valencia, Felipe von Sevilla. Ich spüre Heimweh und Sehnsucht bei ihnen. Alle drei werden sich so bald wie möglich von Mallorca verabschieden. Das wird deutlich, ohne dass sie es aussprechen müssen. Sie fühlen sich immer noch fremd und haben kaum Kontakt zu den Mallorquinern.

---

[63] emperador (span.) – *Schwertfisch*

8. Tag: Von Drachen und Piraten

Zehn Uhr. Unerbittliche Sonne hat bereits die morgendliche Frische vertrieben. Die Wasseroberfläche ist spiegelglatt, die Luft steht. Eine stetig wachsende Zahl von Passagieren wartet am Anleger des beschaulichen Hafens von San Telmo. Das Boot nach Dragonera legt alle ein bis zwei Stunden ab – je nach Bedarf.

Pedro und Pepe haben das Eintreffen der Gäste über einige Zeit von der Terrasse des El Pescador verfolgt. Das Restaurant liegt direkt am Hafen und dient ihnen als Basisstation. Betrieben wird es von Damián, von dem niemand genau weiß, ob er kochender Fischer oder fischender Koch ist.

Erst wenn die Gästezahl stimmt oder wenn die bereits wartenden Passagiere langsam unruhig werden, schlendert die Zwei-Mann-Crew zur „Margarita". Höflich helfen sie beim Queren der Gangway und verteilen die „Fracht" gleichmäßig auf beide Seiten des Bootes. Dann legen sie ab. Pedro hält mit stoischer Miene Kurs. Pepe kassiert, notiert Rückfahrtzeiten oder verkauft Mineralwasser. Man sieht ihnen die Routine an. Sie strahlen eine Ruhe aus, die auch ängstliche Passagiere einsteigen lässt. Wenn die See zu rau wird, bleibt die Margarita im Hafen. Im ungünstigsten Fall kann es passieren, dass Gäste eine ganze Woche in San Telmo verbringen, ohne nach Dragonera übersetzen zu können. Jetzt aber geht nur ein leichter Wind, und die strahlende Sonne lässt nicht die geringsten Anzeichen von Wetteränderung erkennen.

Die Überfahrt dauert keine zwanzig Minuten. Dann sind wir am Anleger der Cala Lladró, der „Räuberbucht", angekommen. Der Name ist historisch begründet und trotzdem zeitgemäß: Er verweist eigentlich auf die Piraten zurückliegender Jahrhunderte, für die Dragonera stets als Schlupfwinkel diente. Bis vor wenigen Jahren aber sollen auch Schmuggler die günstige Lage der Insel genutzt haben, verrät Pepe. Sein verschmitzter Gesichtsausdruck gibt mir Raum für Spekulation. Es liegt auf der Hand, dass eine solche Lage – vor der eigentlichen Küste – sich für derartige „Geschäfte" beinahe aufdrängte.

Heute ist Dragonera Naturschutzgebiet. Vor allem die Bedeutung für die Vogelwelt ist immens: Fischadler, Eleonorenfalken, Kormorane und Sturmtaucher tummeln sich um den Felsen. Über allem liegt das Gemecker der Silbermöwen, das insbesondere während der Brutzeiten von aufgeregten Angriffsflügen begleitet wird.

Weitere Vertreter der Fauna machen erstmals oberhalb des Hafens auf sich aufmerksam, als ich kurz anhalte, um die Stiefel nachzuschnüren. Es huscht und zischelt im Gebüsch. *Dragones*[64] – kleine Drachen. Dragonera, die Eidechseninsel.

Mein Ziel ist Sa Popi, der alte Leuchtturm auf der höchsten Erhebung. 1851 wurde er angelegt. Sträflinge bauten seinerzeit unter großen Entbehrungen Turm und Verbindungsweg. Leider ein völlig unsinniges Projekt: Die Bergspitze nämlich präsentiert sich häufig wolkenverhangen. Ein Leuchtfeuer mit derart eingeschränkter Funktion nutzte der Schifffahrt wenig. Fünfzig Jahre später wurden zwei neue Signaltürme in geringerer Höhe in Betrieb genommen: am Cap Llebeig und am Cap Tramuntana.

Der Weg führt über verlassenes Fincagelände. Trockenmauern, Terrassen, ein Stall, ein Brunnen. Vieles weist noch darauf hin, dass die Insel einst bewirtschaftet wurde. Die Süßwasservorkommen waren bereits für die Rekonquistadoren um Jaume I. Grund genug, sich vor dem großen Angriff auf Mallorca hier zu sammeln.

Heute ist Dragonera unbewohnt. Nur in den Häusern am Hafen übernachten gelegentlich Naturschützer. Außerdem Bauarbeiter, die sich um die Instandhaltung von Gebäuden und Wegen kümmern. Ich verlasse den ehemaligen Wirtschaftsbereich und folge dem Weg an das steile Kliff der Nordwestseite. Im Gegensatz zum flachen Neigungswinkel im Südosten stürzt der Fels hier mit mehr als neunzig Grad ins Meer.

Über Jahrmillionen haben die immensen Kräften des Erdinneren diese Struktur aufgebaut, seit Jahrmillionen wird sie nun be-

---

[64] dragón (span.) – hier: Eidechse

reits wieder abgetragen. Ursprünglich nämlich waren die Balearen Bestandteil der „Betischen Kordillere", eines großen Faltengebirges, das sich in weitem Bogen von der Sierra Nevada[65] bis hierher erstreckte. Ähnlich wie Alpen, Pyrenäen oder Atlasgebirge wurde sie im Tertiär[66] durch das Aufeinanderdriften der Landmassen von Afrika und Europa aufgefaltet. Insbesondere Jura- und Kreidematerialien[67] gelangten dabei an die Erdoberfläche. Durch komplizierte plattentektonische Drehbewegungen kam es zu Landeinbrüchen, und die Balearen wurden zu Inseln isoliert.

Die besondere Physiognomie Dragoneras mit einer flachen und einer steilen Seite ist eine Folge davon, dass der Druck von Süden überwogen hat – die Falte ist schlicht überkippt. Diese Struktur findet sich häufig in der Serra Tramuntana, besonders eindrucksvoll auch am gegenüberliegenden Ende in Formentor.

Der Gipfel wirkt fern. Der Weg ist an einigen Stellen überwuchert, in Teilbereichen auch weggebrochen. Doch er führt – manchmal nach einigem Suchen – in etwa zwei Stunden zum höchsten Punkt der Dracheninsel.

Der *faro vei*[68] sieht mitgenommen aus. Immerhin sind die Sandsteinquader schon einhundertfünfzig Jahre der Witterung ausgesetzt, ohne dass viel für ihre Erhaltung getan wurde. Einige Bereiche des Bauwerks sollte man meiden und sich dort aufhalten, wo die verbliebene Substanz einen sicheren Eindruck macht.

Es geht mehr als dreihundert Meter steil abwärts. Unten sehe ich verschwindend klein einige Segelboote. Hinter einer nur kniehohen Mauer tut sich der Abgrund auf. Der Blick hinab vermittelt die Gewissheit, dass man bereits auf einem Überhang steht.

Die Möwen schimpfen über den ungebetenen Besuch. Aber die kleinen *dragones* freuen sich, dass ich das Essen auspacke. Zu Hunderten kommen sie aus dem Gebüsch und balgen sich um

---

[65] *Sierra Nevada – Gebirge im Süden der Iberischen Halbinsel*
[66] *Tertiär – erdgeschichtliches Zeitalter (65–1,5 Mio. Jahre vor unserer Zeitrechnung)*
[67] *Jura, Kreide – erdgeschichtliche Zeitalter (195–65 Mio. Jahre vor unserer Zeitrechnung)*
[68] *faro vei (mall.) – alter Leuchtturm*

Krümel und Obstschalen. Mancher Eidechsenschwanz geht verloren, zappelt eine Weile und wird schließlich wieder gefressen. Auch kleine Drachen sind Kannibalen.

Die Cala Lladró liegt im gleißenden Sonnenlicht. Inzwischen ankern dort einige Yachten. Gerade macht ein Ausflugsdampfer fest, um seine Gäste für zehn Minuten auf die Insel zu schicken. Über Lautsprecher macht ein notorisch gut gelaunter Animateur Programmansagen. Aus der Entfernung ist das gerade noch erträglich. Hier am alten Leuchtturm trifft man selten jemanden. Der Aufstieg ist beschwerlich und bietet keinerlei Schatten. Nur wenige nehmen diese Mühen auf sich. Die meisten Ausflügler bleiben in der Nähe des Hafens.
Hinter der Meerenge sehe ich San Telmo lang gestreckt an der Küste liegen. Dahinter die Halbinsel La Mola, die wichtigtuerisch die Nase ins Meer vorstreckt. Weiter links beginnt die Tramuntana. Der Esclóp als südlichster Fasttausender des Gebirges versperrt mit seiner breiten, kamelhöckerartigen Silhouette die Sicht auf dahinter liegende Gipfel.

Nach einer Stunde steige ich hinab. Es geht deutlich schneller als beim Aufstieg. Ich nutze die verbleibende Zeit für einige Schwimmzüge in der Räuberbucht.
Mit der Margarita geht es danach wieder nach San Telmo. Ich verabrede mich mit Tomeu, um abends bei Damián zu essen. Hafenstimmung bei *paella de pescado*[69] und *Pescador blanc*[70]. Stilvoll und delikat.

---

[69] *paella de pescado (span.) – Paella mit Fisch (und Meeresfrüchten)*
[70] *Pescador blanc – leicht moussierender, trockener Weißwein*

9. Tag: Zauberberg

Puigpunyent heißt so viel wie „spitzer Gipfel". Gemeint ist damit der Galatzó, an dessen Fuß die Ortschaft liegt. Schwer zu erreichen, einsam, verwunschen. Hier spukt es, da sind sich die Mallorquiner einig. Kleine Kobolde treiben ihr Unwesen. Sie hecken ständig neue Neckereien aus, bleiben aber immer gutmütig. Die Wichte belassen es beim Möbelrücken und Geschirrzerschmeißen, tun niemandem etwas zuleide.

Weitaus unangenehmer, so der Volksmund, sei eine Begegnung mit dem „bösen Grafen", dem *comte mal*. Er lebte im 17. Jahrhundert und zeichnete sich durch besondere Härte und Grausamkeit seinen Untertanen gegenüber aus. Von weit überhöhten Pachtabgaben, aber auch von Mord und Totschlag ist die Rede. Eine solche Seele kommt nach dem Tode nicht zur Ruhe: Seit nunmehr über dreihundert Jahren reitet der gequälte Geist des Nachts rastlos am Galatzó umher. Zu sehen ist er besonders gut in der Dämmerung, allerdings immer nur für kurze Schrecksekunden. Dann verschwindet er mitsamt seinem grünen Ross wieder zwischen Geröll und Felsen des Zauberbergs.

Auch wenn man für derartige Geschichten nicht empfänglich ist, verursachen sie doch einen leichten Schauer auf dem Rücken, wenn man kurz vor Einbruch der Dunkelheit noch unter der Steilwand unterwegs ist.

Tagsüber ist jeglicher Spuk verflogen. Puigpunyent ist ein abgelegener Ort in den Bergen. Kleinstädtische, fast dörfliche Struktur. Palma ist näher als Andraitx. Von dort gibt es eine kleine, an Serpentinen reiche Verbindungsstraße, die – am Fuß von Esclóp und Galatzó – durch die Ortschaften Capdellá und Galilea führt. Die Strecke ist traumhaft schön, aber sehr eng. Sie reicht für unseren Minibus. Mit einem großen Bus könne er hier nicht fahren, hatte Tomeu gesagt, da müsse man den Bogen über Palma machen. Das sei etwa die vierfache Entfernung.

Aufgrund der niedrigen Pkw-Frequenz wurde diese Nebenstrecke in den letzten Jahren zunehmend von Radfahrern in Beschlag genommen. Zum größten Teil sind es Freizeitfahrer in übertrieben professionellen Outfits, die hier auf lang gezogenen Abfahrten den Geschwindigkeiten der Tour-de-France-Ikonen nahe zu kommen versuchen. In großen Pulks und selten auf die Einhaltung von Regeln bedacht, begegnen sie dem nichts ahnenden Verkehrsteilnehmer. *„Papagayos"*[71] hatte Tomeu ihre grellbunten Trikots verächtlich kommentiert. Auch in diesem Punkt ist die mallorquinische Seele gespalten: Die Insulaner sind stolz darauf, dass renommierte Rennställe zur Saisonvorbereitung in die Tramuntana kommen. Auch möchten sie die in der Nebensaison freien Betten gern mit Freizeitradlern füllen. Auf der anderen Seite spüren sie die alltäglichen Konsequenzen, wenn Radfahrer die ohnehin angespannte Verkehrssituation auf Haupt- und Nebenstraßen weiter belasten.

In Puigpunyent verabschieden wir uns. Tomeu muss weiter nach Palma. Ich mache mich auf den Weg zur Font des Pi, einer Quelle am Fuß des Berges. Dorthin führt eine schmale Teerstraße, auf deren erstem Abschnitt auffällig viele voll besetzte Reisebusse unterwegs sind. Die Insassen wollen in der Regel nicht den Galatzó besteigen. Ihr Ziel ist der Freizeitpark „Reserva Puig de Galatzó", der zwischen Galilea und der Steilwand liegt. Eben jene Steilwand hält nicht nur den Geist des *comte mal* gefangen, sie hat den Galatzó auch in anderer Hinsicht berühmt gemacht: Im Winter, wenn der Gipfel leicht eingeschneit ist, sprechen die Mallorquiner gern von „ihrem Matterhorn".
Hinter der Quelle beginnt der eigentliche Anstieg: ein kleiner Pfad führt zum Coll des Carnisseret. Die Strecke verläuft durch einen mit Aleppokiefern und Macchia durchsetzten Steineichenwald – ein Hinweis auf höhere Niederschlagsmengen als noch in Andraitx. Besonders häufig sind Erdbeerbäume. Ihren Früchten – rote Beeren, die hier *madroños* heißen – wird eine berauschende Wirkung nachgesagt. Darüber hinaus sind sie sehr wohlschmeckend. Der Wald geht über in Höhenmacchia, und nach kurzer Zeit erreiche ich den *coll*[72]. Von hier aus kann man erstmals zur Küstenseite nach Estellencs hinunterschauen. Malerisch liegt der kleine Ort im Tal, im Hintergrund das tiefe Blau des Meeres. Hier wehen kräftige Böen, so dass ich trotz schönsten Sonnenscheins die Windjacke überziehen muss. Un-

---

[71] *papagayo (span.) – Papagei*
[72] *coll (mall.) – Sattel, Gebirgspass*

terhalb des Gipfels bewege ich mich hangparallel, muss ein Geröllfeld queren und gelange zu den Ruinen einer Schutzhütte. Es beginnt der schwierigere und steilere Teil. Nach der ersten Kletterpassage wird der Blick auf das Massiv des benachbarten Esclóp frei. Kurz vor dem Gipfel muss ich erneut die Hände zur Hilfe nehmen, um ein weiteres steiles Teilstück zu erklimmen. Oben bemerke ich, dass meine Kletterei aufmerksam von zwei Bergziegen begutachtet wurde, die in gebührender Entfernung auf einem Felsvorsprung stehen und über den unbehänden Zweibeiner staunen. Dann, als ob sie mir eine Lehrstunde erteilen wollten, springen sie in sicheren Sätzen davon.

Es fehlt das Gipfelkreuz, die 1 026-Meter-Marke ist ein einfacher Betonzylinder. Zu meinem Erstaunen findet sich aber ein Gipfelbuch. Den Einträgen nach war heute schon einiges los. Der Galatzó ist beliebt. Als höchster Berg des Südwestens stellt er einen Superlativ dar, und der Aufstieg ist nicht allzu schwierig.
Ich genieße die Rundumsicht, solange ich allein bin. Alle markanten Gipfel des Nordostens sind zu erkennen: Puig Mayor, Massanella und weiter im Vordergrund Teix und Planície. Gegenüber ruhen die beiden „Kamelhöcker" des Esclóp. Im Süden liegt Dunst über den flacheren Erhebungen der Serra Garraffa und der Küstenlinie. Nach Norden hin zeigt die Steilküste mit Estellencs im Vordergrund gestochen scharfe Konturen.
„Warum überhaupt einen Berg besteigen", mag man sich fragen. Hochgehen um herunterzugucken – eigentlich eine banale und fragwürdige Angelegenheit. Schweißtreibend, unbequem, energetisch und ökonomisch unsinnig. Trotzdem gibt es für mich wenig Vergleichbares: Auf dem Gipfel steht man – im doppelten Sinn – über den Dingen. Manches, was unten noch von Bedeutung war, relativiert sich hier. Einsamkeit, räumliche Unbegrenztheit, Ruhe, Sonne und Wind machen das Erlebnis vollständig.

Ein ungeübter Jodler macht alles zunichte: Die Nächsten kommen. „Grüß Gott" tönt es alpin, eine größere Wandergruppe beim finalen Gipfelsturm. Ich bringe mich in Sicherheit.

Der Weg zurück führt wieder an der Hüttenruine vorbei, danach in Richtung Estellencs. Oberhalb der Baumgrenze wächst außer hohem Dißgras wenig. Es bildet ausladende Büschel, die eng beieinander stehen und den Weg schlecht erkennbar machen. Besser wird es, als ich den Steineichenwald erreiche. Er ist hier sehr dicht und lässt kaum Unterwuchs zu. Steineichen sind in den höheren Lagen Mallorcas verbreitet, da sie mehr Niederschläge brauchen als Aleppokiefer oder Macchia. Die Bäume sind kleiner als mitteleuropäische Eichen, immergrün und haben ledrige, glänzende Blattoberflächen.

Durch den dichten, schattigen Wald geht es endlos weiter abwärts, bis ich schließlich unter mir Hundegebell höre. Ich nehme das als deutlichen Hinweis auf die Ausläufer der Zivilisation. Da ich ohnehin das Gefühl habe, der eigentliche Weg entferne sich wieder vom Ort, steige ich hinab. In einiger Ferne erblicke ich ein Bauernhaus, und je näher ich komme, desto Furcht erregender wird das Gebell. Inzwischen sind wenigstens drei Hunde zu unterscheiden. Es gibt keine Möglichkeit auszuweichen, sodass ich mich mit einem Stock bewaffne. An der Finca sehe ich fünf große schwarze Hunde, zwei davon frei laufend. Die anderen drei zerren an ihren Leinen mit einer Gewalt, dass ich sie vor meinem inneren Auge bersten sehe. Sie vermitteln den Eindruck, dass mit ihnen nicht zu spaßen ist. Glücklicherweise liegt das Hofgelände etwas unterhalb des Weges. Ich kann oben um das Haus herumgehen und lande auf einem Karrenweg. Dort erwarte ich eigentlich die Auseinandersetzung mit der Hundemeute, stattdessen kommt ein kleines Männlein fluchend aus dem Haus und fragt bösartig, woher ich käme und was ich hier verloren hätte. „Dies ist Privatbesitz", schimpft er. Er wolle keinen Ärger bekommen, falls seine Tiere eines Tages jemanden anfallen sollten. Er scheint häufiger ungebetene Gäste zu haben. Ich tue unwissend, entschuldige mich, und nachdem er sich etwas beruhigt hat, lässt er mich ziehen.

Der Fahrweg führt durch einen Olivenhain hinunter. Es dauert eine kleine Ewigkeit. Serpentine folgt auf Serpentine, bevor ich durstig den Ort erreiche.

Estellencs strahlt Ruhe aus. Schmale Gassen und altertümlich-winklige Grundrisse erzeugen Atmosphäre. Die Küstenstraße muss bedrohliche Verengungen hinnehmen. Nur etwa fünfhundert Menschen leben hier. Ich finde ohne Umwege den geeigneten Ort für das Abendessen: Gegenüber der Kirche San Juan Bautista führt eine Treppe hoch zur Terrasse eines Restaurants, dessen Name mein Mallorcabild trefflich umschreibt. *Montimar* – Berge und Meer. Gegenüber schlägt die Kirchenglocke, eine Dattelpalme wiegt ihre Blätter im Wind, und Guillermo bringt eine große *cerveza*[73].

Guillermo ist Inhaber und Koch. Er bleibt auf einen Kaffee, während ich in langen Zügen meinen Durst lösche. „Die Küche macht erst in einer halben Stunde wieder auf." Ob ich so lange warten wolle? Ich erzähle von dem fluchenden *finquero*[74] und seinen Hunden. Er muss lachen und schüttelt den Kopf. Er kennt den verschrobenen Alten. Man müsse einen größeren Bogen gehen, wenn man ihm ausweichen wolle. „Die Hunde", er zieht die Augenbrauen hoch, die würde er auch nicht gern hinter sich wissen.
„Auf Mallorca führen die meisten Wege über Privatgrund", erzählt er weiter, „aber seit Jahrhunderten sind sie für die Öffentlichkeit nutzbar." Die einzelnen Besitztümer sind sehr groß. Häufig kann man gar nicht zum Ziel gelangen, ohne sie zu queren. Fast alle heutigen Wanderwege berühren Privatgrund, doch meistens gibt es keine Probleme. „Schwierigkeiten sind vor allem dann zu erwarten, wenn Ausländer Fincas kaufen und die Tore verbarrikadieren", betont Guillermo, „vor allem Deutsche." Auf eine solche Idee würde ein Mallorquiner nicht kommen. Es sei denn, er hätte schlechte Erfahrungen mit Wanderern gemacht – auch das komme leider vor.

Spezialität des Hauses ist *conill amb ceba*[75]. Während das Essen zubereitet wird, suche ich ein Quartier. Den Abend verbringe ich auf der Terrasse gegenüber der Kirche, lasse mir das Kaninchen schmecken und trinke dazu den typischen schweren Rotwein.

---

[73] *cerveza (span.) – Bier*
[74] *finquero (span.) – hier: Bauer*
[75] *conill amb ceba (mall.) – Kaninchen mit Zwiebeln*

Zum Abschluss bringt Guillermo eine riesige Flasche einer grünlichen Flüssigkeit, in der ein üppiger Kräuterwald wuchert. *Hierbas secas*[76] aus eigener Produktion. Er setzt sich zu mir, und wir trinken – inzwischen unter klarem Sternenhimmel – auf Abende wie diesen. *Salud!*[77]

---

[76] *hierbas secas (span.) – mallorquinischer Kräuterschnaps; vgl. Tag 16: Zeit-oder Geldmaschine?*

[77] *salud (span.) – hier: zum Wohl*

10. Tag: Prohibido el paso[78]

Von der Seite betrachtet mutet er an wie ein steinerner Kamelrücken. Felshöcker in Kalk. Massig ragen sie aus einer von Taleinschnitten zerfurchten Hochebene. Egal aus welchem Blickwinkel, der Esclóp ist stets auf markante Art und Weise präsent. Für mich ist er ein besonderer Berg, abenteuerlich und unverwechselbar. Und doch findet er in Wanderführern kaum Erwähnung.

Das mag dadurch begründet sein, dass der Aufstieg Kondition und Unerschrockenheit voraussetzt. Aber es gibt auch Hindernisse, die nicht im persönlich-konstitutionellen Bereich liegen. Die gesamte Südwestflanke ist so gut wie unzugänglich, weil hier ein Großgrundbesitzer die Tore gründlich verriegelt hat. Die *alquería*[79] von Andraitx ist privates Sperrgebiet, gut gesichert durch Stacheldraht und Wachmannschaften.

Vor einigen Jahren ist es mir passiert, dass ich von uniformierten Privatarmisten aufgehalten wurde, als ich von Andraitx aus aufsteigen wollte. Bewaffnet mit Funkgerät, Schlagstock und Schusswaffe machten sie mir nachdrücklich klar, dass der Besitzer es nicht gern hätte, wenn Fremde unangemeldet seinen Grund beträten. Ich hätte vorher einen Termin ausmachen sollen, sagten sie. Wäre ich im Besitz einer telefonischen Zusage gewesen, hätten sie mich wohl passieren lassen.

Diese Auskunft hat mir damals wenig genützt, denn ich wollte an eben jenem Tag hinauf. Auf meine Frage nach einem anderen Weg, zuckten die beiden abweisend mit den Schultern. Es war ihnen egal. „*No lo sé*"[80], sagte einer im Weggehen.

Ich habe es danach nie wieder versucht. Dieser unangenehme Auftritt, aber auch die stacheldrahtverstärkten Zaunanlagen haben ihre Wirkung nicht verfehlt. Statt dessen habe ich andere Wege gesucht und gefunden.

Einer beginnt südlich von Estellencs an der Küstenstraße. Als Schotterpiste führt er bergan und gabelt sich nach einiger Zeit. Ein vergilbtes Holzschild weist rechts zum Esclóp und links

---

[78] *prohibido el paso (span.) – Durchgang verboten*
[79] *alquería (span.) – Landhaus*
[80] *no lo sé (span.) – ich weiß es nicht*

zum Galatzó. Der Hinweis verspricht zu viel. Nach wenigen hundert Metern endet der Weg an einem verschlossenen Eisentor. Stacheldrahtverstärkungen deuten darauf hin, dass man erneut an die Grenze der *alquería* gestoßen ist. Die Besitztümer sind groß in der Tramuntana.

Sosehr mich derartiges Gehabe stört, es hat sich ein kleines Gefühl von Zufriedenheit eingestellt. Es passt in mein Bild, dass dieser Berg sein Geheimnis zu wahren versucht. Tatsächlich lassen sich nicht viele darauf ein. Auf dem Esclóp ist mir noch nie jemand begegnet.

Man muss eine große Schleife gehen. An einem Picknickplatz beginnt ein Pfad, der auf ein weites Hochplateau führt. Der Galatzó erhebt sich zur Linken, der Gipfel des Esclóp ist noch gar nicht sichtbar. Lange Zeit bleibt er verborgen. Zeigt er sich einmal für kurze Momente, ist man stets überrascht, wie groß die Entfernung noch ist.

Vor mir liegt eine felsige Ebene mit spärlicher Macchia. Später wird sie zunehmend von hohem Dißgras durchsetzt. Der Weg tritt als solcher nur noch an wenigen Stellen in Erscheinung. Markierungen verstecken sich unter hohen Grasstauden. Zwischenzeitlich mag man zweifeln, ob hier jemals vorher ein Mensch gewesen ist. Undurchdringliche Vegetation. Versteckt unter Gräsern wachsen stachelige Gesellen wie Kreuzdorn oder Stechginster. Man bemerkt sie erst, wenn sie bereits Furchen in der Haut hinterlassen haben. Doch plötzlich trifft man wieder auf eine Wegmarkierung, die den Glauben daran festigt, auf der richtigen Spur zu sein. Pfadfinderglück.

Weiter oben schließt sich in geschützter Lage ein kleines Wäldchen an. Die Mauer zur Rechten deutet ein letztes Mal die Ausdehnung der *alquería* an. Seit der Gabelung bin ich mehr als zwei Stunden unterwegs. Erst jetzt lasse ich den abgesperrten Besitz hinter mir. Auf der anderen Seite der Grenze protestieren zwei Esel gegen mein Erscheinen. „Wie passend", denke ich und spähe nach Wachposten. Für diese abgelegene Ecke scheint man sie nicht für nötig zu halten.

Auf das Wäldchen folgt eine weitere Verebnung, und endlich ist es so weit: Ich stehe dem massigen Gipfelblock gegenüber, der noch etwa einhundert Meter herausragt. Angesichts der steilen

Wand kann man sich beim ersten Mal kaum vorstellen, dass ein Aufstieg ohne Kletterausrüstung möglich ist. Doch er erfordert lediglich Schwindelfreiheit und – in schwierigen Passagen – die Zuhilfenahme der Hände. Oben wird man belohnt mit einem grandiosen Panorama. Der Ponent liegt mir zu Füßen. Ortschaften, kleinere Erhebungen und überall das Meer – ganz nah, aber tausend Meter weiter unten.

Nach dreistündigem Aufstieg ist man erschöpft. Aber man kann sich auf die Schulter klopfen. In meiner Kindheit musste ich in derartigen Momenten kleiner privater „Eroberungen" oft an die Entdeckungsreisen Alexander von Humboldts denken, die mich bereits in Form eines Jugendbuchs begeistert hatten. Hier auf dem Esclóp lässt die Unberührtheit des Gipfelplateaus diese Assoziation nach Jahrzehnten wieder aufleben. Ein schöner Gedanke für einen inzwischen ausgebildeten Geographen in einer Welt, in der es im „klassischen" Sinn kaum noch etwas zu entdecken gibt.

Konkret zu erforschen gibt es auch hier wenig. Außer karstigem Stein lediglich die Gipfelmarkierung und – immerhin – Reste einer bescheidenen Behausung. Das Gipfelplateau hat auch „richtige" Forscher gesehen. Im Dienste der Wissenschaft hat ein französischer Mathematiker, Zeitgenosse Humboldts, von hier aus Triangulationen vorgenommen. Bei klarer Sicht kann man bis nach Ibiza sehen.

Der Blick auf die benachbarte Insel bleibt mir verwehrt, trotzdem habe ich einen herrlichen Spätnachmittag erwischt. Die Abendsonne taucht den Fels langsam in rötliches Licht, und der nachlassende Wind lässt die Rosmarinsträucher ihren intensiven Duft entfalten. Nach zwei Stunden steige ich wieder ab. Leichten Schrittes. Der erhebende Landschaftseindruck mischt sich langsam mit der Vorfreude auf einen weiteren Abend bei Guillermo.

VALLDEMOSSA

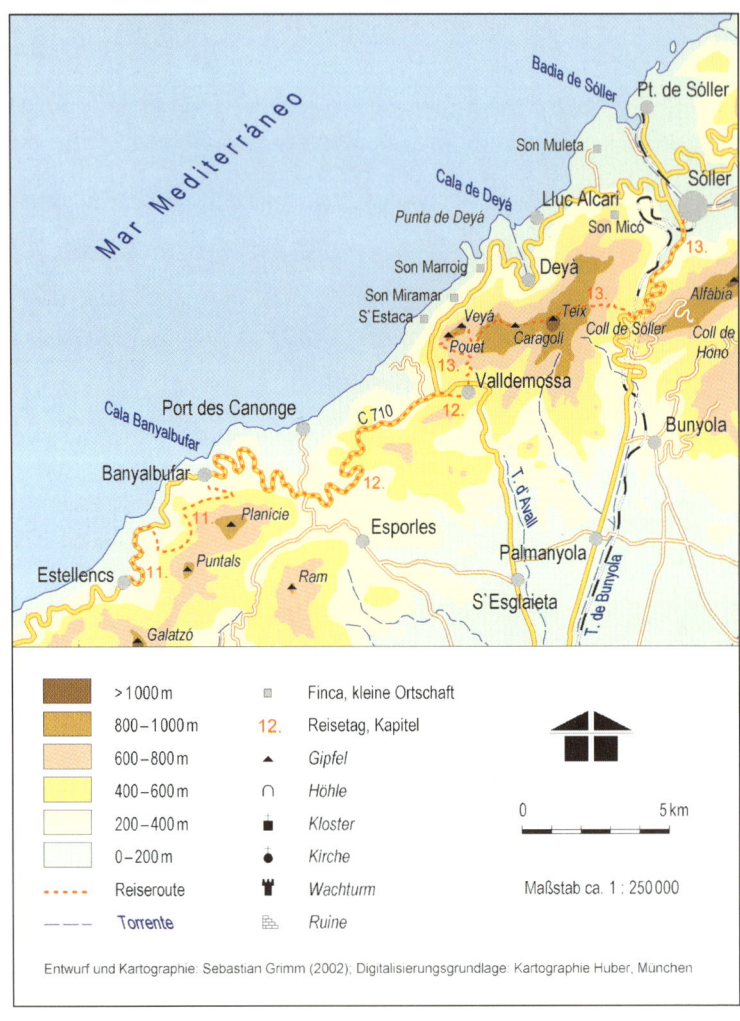

▮	>1 000 m	▫	Finca, kleine Ortschaft
▮	800 – 1 000 m	12.	Reisetag, Kapitel
▮	600 – 800 m	▲	Gipfel
▮	400 – 600 m	∩	Höhle
▮	200 – 400 m	▪	Kloster
▯	0 – 200 m	●	Kirche
-----	Reiseroute	♛	Wachturm
---	Torrente	🏛	Ruine

0   5 km

Maßstab ca. 1 : 250 000

Entwurf und Kartographie: Sebastian Grimm (2002); Digitalisierungsgrundlage: Kartographie Huber, München

S. 63: Schutzhüttenruine am Reitweg des Erzherzogs

11. Tag: Wasserkunst

Die *carretera*[81] 710 ist der Traum aller Cabrio- und Motorrad-
fahrer. In eleganten Schwüngen zieht sie sich durch die Tra-
muntana und verbindet Andraitx mit dem Endpunkt Pollença.
Hier fährt man nicht, wenn man es eilig hat. Es geht nicht ums
Ankommen. Hier fährt man mit Auge, Ruhe und Genuss.
Der Verkehr hält sich üblicherweise in Grenzen. Getrübt wird
das Vergnügen nur an Wochenenden, wenn sich waghalsige
Geschwindigkeitsfanatiker hier verabreden. Auf hochfrisierten
Rennmaschinen liefern sie sich halsbrecherische Verfolgungs-
jagden und nehmen dabei wenig Rücksicht auf den sonstigen
Verkehr. Speziell den Abschnitt zwischen Sóller und Lluc sollte
man dann meiden.
Bei Estellencs verläuft die C 710 direkt oberhalb der Küste. Sie
gestattet traumhafte Blicke auf Meer und steil herabfallende
Felsformationen. Die Morgensonne tastet sich langsam vor und
verändert minütlich das Licht. Schatten werden kürzer, ver-
steckte Buchten der Dunkelheit entrissen.
Die Straße ist in gutem Zustand. „Erst seit kurzer Zeit", bemerkt
Guillermo. Er hat Termine in Palma und nimmt mich ein Stück
mit. An der Einfahrt zur Finca Planície lässt er mich aussteigen.
„*Hasta la proxima*"[82], verabschieden wir uns.

Das Anwesen ist nach dem Berg benannt. Ich achte darauf, dass
das schwere Eisentor wieder richtig ins Schloss fällt. Tore sind
selten grundlos geschlossen, gerade in landwirtschaftlicher Umgebung. Oft genug trifft man auf entlaufene Schafe. Meist ist
das ein Hinweis auf unachtsame Passanten. Für den Eigentümer
ist es ärgerlich bis katastrophal. Es geht immerhin um seine
Existenzgrundlage.

Hinter dem Tor beginnt ein riesiger *olivar*[83]. Auf halber Höhe
des Planície liegt die Finca. Trocken und staubig windet sich
ein Fahrweg empor. Kilometerweit. Die Ölbäume bilden einen
lichten Bestand. Einige von den knorrigen, seltsam verdrehten

---

[81] carretera (span.) – Landstraße
[82] hasta la proxima (span.) – bis zum nächsten Mal
[83] olivar (span.) – Olivenhain

Bäumen wirken wie Skulpturen, die kein Künstler besser hätte erschaffen können. Fixiert man sie längere Zeit, dann zeigen sich Gesichter, Kobolde oder Tierköpfe.

Aus den mächtigen, bis zu tausend Jahre alten Stämmen sprießen vergleichsweise kümmerliche Äste. Gute Ernten können nur durch regelmäßigen Beschnitt erzielt werden. Im silbrigen Laub verstecken sich die Früchte: klein, grün, roh absolut ungenießbar.

Geerntet wird im Herbst. Dann werden unter den Bäumen Netze ausgebreitet und die Oliven mit langen Stöcken vom Baum geschlagen. Die restlichen Früchte werden von Hand gepflückt. So ist es, seit die Römer den Ölbaum auf Mallorca eingeführt haben. Bis heute ist die Olive eine feste Größe der Agrarstruktur – wenn sich auch der Export durch wachsende Konkurrenz zunehmend problematisch gestaltet. Die Olive ist anspruchslos, braucht wenig Wasser und eignet sich damit ausgezeichnet für extensiv bewirtschaftete Lagen.

Zwischen den Bäumen ist der Boden umgebrochen. Ich finde Reste von abgeerntetem Getreide. Auch das ist typisch für mallorquinische Baumkulturen, vorausgesetzt es ist – zumindest zeitweise – ausreichend Wasser vorhanden.

Bevor ich die Häuser von Planície erreiche, stifte ich Unruhe in einer Schafherde. Erst mustern mich die Tiere, als sei ich ein unausweichliches Naturereignis. Reglos, scheinbar abwägend, was zu tun sei. Hoffen, ich würde abdrehen oder im Boden versinken. Im nächsten Moment treten sie unter großem Geblöke unkontrolliert die Flucht an. Gleichzeitig und in alle Richtungen. Drängeln, rennen sich gegenseitig um oder stehen einander im Weg.

Nicht besonders helle, aber komisch. Das finden neben mir auch drei Landarbeiter, deren Mittagspause ich mit dieser Einlage bereichere. Sie sitzen vor dem Haupthaus auf einer Bank. Ein Laib Brot, einige Tomaten und eine *sobrasada*[84] liegen vor ihnen auf einem improvisierten Holztisch. „*Bon día*"[85] erwidern sie lachend meinen Gruß und winken mir zu.

---

[84]   *sobrasada (mall.) – typische mallorquinische Wurst mit charakteristischer roter Färbung*
[85]   *bon día (mall.) – Guten Tag*

Ich verlasse das Gelände und umrunde auf gleich bleibender Höhe den Planície. Der Weg beschreibt einen großen Bogen, führt an einigen Gehöften vorbei und mündet schließlich auf eine kleine asphaltierte Nebenstraße, die Banyalbufar mit Esporles verbindet. Von hier aus geht es bergab.

Mit dem neuen Taleinschnitt öffnet sich eine phantastische Terrassenlandschaft. Über vierhundert Höhenmeter erstreckt sie sich hinunter ans Meer. Banyalbufar – arabisch *buniola al bahar* – bedeutet „Weingarten am Meer".

Der Hang ist durch Trockenmauern terrassiert. Eingefügt ist eine Vielzahl so genannter *estanques*[86], in denen der Wasservorrat für die trockenen Monate gespeichert wird. Durch ein aufwendiges Kanalsystem werden die Reservoirs mit Quellwasser gefüllt. Je nach Bedarf wird es auf einzelne Terrassenfelder oder in weiter unten liegende *estanques* geleitet. Auch Brunnen und Zisternen im Dorf werden mit dem Wasser gespeist. So hört man es auf dem Weg hinunter fortwährend gurgeln und plätschern. Als „Verteiler" fungieren einfache Handschieber, mit denen Kanäle geschlossen oder geöffnet werden.

Eine klassische Zonierung[87] ist zu erkennen: Oben Olivenbäume, darunter Obstbaumkulturen. Weiter unten in Ortsnähe intensiver Gemüseanbau. Besonders verbreitet sind Tomaten, neuerdings auch wieder Wein. Auf einigen brachliegenden Feldern hat sich das leuchtende Rot von Klatschmohn ausgebreitet. Am Wegesrand wachsen Opuntien, Feigen, Zitronen und Orangen. Mispelbäume und wuchernde Brunnenkresse runden das Bild ab. Fast verschwenderisch – vor allem angesichts der kargen Ölbaumkulturen auf der anderen Seite des Berges.

Die Araber waren es, die die Bewässerungswirtschaft auf der Insel perfektioniert haben. Seit jeher waren sie es gewohnt, mit Wasser als limitierendem Faktor zu wirtschaften. Durch das ausgeklügelte Kanal- und Terrassensystem konnten sie aus den Hängen von Banyalbufar einen ganzjährig blühenden Garten

---

[86] estanque (span.) – Wasserreservoir
[87] „Thünensche Ringe" – kurz: je größer die Entfernung zum Markt, desto extensiver die Wirtschaftsform" (Johann Heinrich von Thünen, 1783–1850)

machen, den auch sie bereits für den Weinbau nutzten – der Ortsname verrät es. Boden und Klima eignen sich bestens für die süße Malvasier-Traube. Bis in das 19. Jahrhundert hinein erfreute sich der Dessertwein aus Banyalbufar in ganz Europa größter Beliebtheit.

Dann bereitete die Reblaus dem Weinbau auf Mallorca vorerst ein Ende.[88] Großgrundbesitzer mussten weite Teile ihres nun wertlosen Landes verkaufen. Kleinbauern begannen mit dem Anbau von Gemüse. Sie veränderten das Kanalsystem und legten die *estanques* an. Dadurch bewahrten sie die hängenden Gärten vor dem Verfall, denn das System braucht auf ganzer Länge ständige Pflege. Kanäle müssen gereinigt, Trockenmauern erneuert und Überläufe funktionsfähig gehalten werden.

Der Ort hält *siesta*[89]. Aus angelehnten Fensterläden blinzeln mich müde die Häuser an. Kaum ein Mensch ist auf der Straße. Nur ein ausladender Gummibaum wölbt sich zur Begrüßung über eine Gartenmauer. Die schmale Gasse führt auf den Rathausplatz, der etwas erhöht über der Hauptstraße liegt. Hier in Banyalbufar stört die C 710. Als gerade Schneise verläuft sie durch den sonst verwinkelten Grundriss. Im Café Bella Vista setze ich mich auf die Terrasse und genieße die leichte Küstenbrise. Unterhalb des Dorfes setzen sich die Gartenanlagen fort bis ans Meer – „Buniola al bahar".

---

[88] vgl. Tag 27: Inselasyl
[89] siesta (span.) – Mittagsruhe

12. Tag: Verregneter Winter mit Folgen

Es fährt nur ein Bus am Tag nach Norden, und der bringt mich am späten Vormittag in den nach Palma bekanntesten Ort der Insel, nach Valldemossa. Das kleine Dorf ist von Menschenmassen erfüllt. Es gibt einen großen Parkplatz, auf dem unentwegt neue Busladungen mit Ausflüglern eintreffen. Sie haben vor allem eins im Sinn: nach den Spuren der Beziehung von Frédéric Chopin und George Sand zu suchen, die den Winter 1838/39 hier verbracht haben – zusammen mit den Kindern Sands. Dieser „Winter auf Mallorca" wurde literarisch von ihr im gleichnamigen Buch, musikalisch unter anderem durch das „Regentropfenpräludium" von Chopin festgehalten.

Ort und Einwohnerschaft kommen in den Schilderungen Sands eher schlecht weg, und Chopin litt unter dem Winterwetter der Serra Tramuntana. Sein Gesundheitszustand verschlimmerte sich stetig.
Eigentlich eine Ironie der Geschichte, dass Valldemossa seinen weltweiten Ruhm und damit auch seine heutigen Einnahmequellen eben diesem kurzen Aufenthalt prominenter Urlauber verdankt. Den Hauptpersonen versagte er nicht nur die erhoffte Erholung, sondern er geriet regelrecht zum Ärgernis. Zwar vermittelt Sand eindrucksvoll ihre Begeisterung für die Naturlandschaft Mallorcas, andererseits jedoch pointiert sie ausgiebig das problematische Verhältnis zu den Mallorquinern.
In der dörflichen Umgebung mit jahrhundertealten Traditionen und fest gefügten Sozialstrukturen rief allein die Andersartigkeit der Gäste Unmut hervor: Ein unverheiratetes Paar, vaterlose Kinder, keiner von ihnen Kirchgänger – allein das erregte Aufsehen. Sie Hosen tragend und Zigarren rauchend. Er von einer gefährlichen und ansteckenden Krankheit geplagt. Und all dies ausgerechnet im ehemaligen Kloster. Dort nämlich hatten die Gäste aus dem mondänen Paris Räumlichkeiten anmieten können.
So berichtet die Baronin Dudevant – sie nutzte den Namen „George Sand" lediglich als Autorenpseudonym – in herablassendem Ton von kleinen und größeren Betrügereien an den ungeliebten Gästen. Äußerungen wie „... Bauern mit der Mähne

und den Manieren eines Wilden ..." dokumentieren ihre geringe Meinung über die ungebildete Landbevölkerung. Aus heutiger Sicht erstaunlich wirkt ihr Unverständnis darüber, dass man ihnen – angesichts derart unterschiedlicher Lebenswelten – von Seiten der Mallorquiner mit Misstrauen begegnete.

Valldemossa hat tausendfünfhundert Einwohner und liegt in einer Einkerbung der Serra Tramuntana. An dieser Stelle lässt sich das Gebirge ohne langwierige Serpentinenfahrten queren. Eine verhältnismäßig gute Erreichbarkeit von Palma aus war immer schon gegeben.

Zu arabischer Zeit als Landgut des Wali Mussa kultiviert, wird der Taleinschnitt bis heute intensiv bewirtschaftet. Gute Böden, intensive Besonnung und ausreichende Niederschlagsmengen sind günstige Voraussetzungen für Obst- und Gemüsebau. Als Vertreter des Kalifen war Mussa Herrscher über die Insel. Er verfügte über große Besitztümer – nichts anderes drückt der heutige Ortsname aus: *Vall d`en Mussa* heißt „Tal des Mussa".

Nach der *reconquista* wurde ein Königspalast gebaut. Jaume II. ließ ihn an der Wende zum 14. Jahrhundert errichten, den heutigen Namen erhielt er durch Thronfolger Sanç I.[90] Dessen angegriffene Gesundheit verlangte gemäßigte Temperaturen. Er wählte das Gebirgsklima von Valldemossa und regierte überwiegend von hier aus. Kurze Zeit später fiel Mallorca an Aragón[91], das Schloss als Geschenk an die Kartäuser.

So diente der *palacio del Rey Sancho*[92] als bauliche Grundlage für das spätere Kloster. Aus ihm ist im Laufe der Zeit eine ausgedehnte Kartause hervorgegangen. Der größte Teil des heute zu besichtigenden Klosterkomplexes entstand allerdings erst im 18. Jahrhundert – kurz vor der „Verweltlichung". Im Zuge der Sakularisierung wurde der Kirche 1835 ihr Besitz entzogen. Man verkaufte die Gebäude und machte die Mönchszellen zu Wohnungen. Wenige Jahre später dienten sie Sand und Chopin als Herberge.

---

[90] *Sanç I. (mall.) bzw. Sancho I. (span.) – zweiter mallorquinischer König, regierte von 1311–1324*
[91] *vgl. Tag 17: „Hilfe!"*
[92] *palacio del Rey Sancho (span.) – Palast des Königs Sancho*

Der Andrang ist enorm, der Eintrittspreis entsprechend. Die barocke Klosterkirche, eine vollständige Apothekeneinrichtung aus dem 17. Jahrhundert, verschiedene Mönchszellen und schließlich die Räume Chopins und Sands – dies versprechen die Reiseführer. Handschriften, Klostergarten und als Höhepunkt das ungespielte Klavier Chopins[93] – das dürften die Eindrücke sein, die sich beim Besucher festsetzen. Das Aufspüren der Vergangenheit wird wesentlich erschwert durch den stetig fließenden Besucherstrom, der den Takt eines jeden Rundgangs bestimmt.

Die kleinen Gärten vor den Zellen bieten einen herrlichen Blick in das Tal. Ich treffe auf einen der rot livrierten Museumswärter, der mit stoischer Ruhe das Tagesgeschäft an sich vorbeiziehen lässt. Ob es hier jeden Tag so zugehe, frage ich ihn. *„Sí, cada día"*[94], antwortet er. Um dem zu entgehen, muss man früh morgens oder spät nachmittags kommen. Tagsüber befindet sich das Viertel um die Kartause regelmäßig im Belagerungszustand. Straßencafés und Andenkenläden fangen diejenigen Besucher auf, die den Klosterbesuch hinter sich gebracht haben, denen aber noch etwas Zeit bis zur Rückfahrt des Busses bleibt. Valldemossa hat 300 000 Gäste im Jahr.

Ich verlasse das Spektakel und mache mich auf ins Unterdorf. Bereits nach wenigen Metern ändern sich Straßenbild und Atmosphäre. Verwinkelte Gassen führen vorbei an blumengeschmückten Häusern und verträumten Gärten zur Pfarrkirche San Bartomeu. Für die scheint sich kaum jemand zu interessieren. Dabei ist sie älter als die Klosterkirche und von ähnlich großer Bedeutung. Nicht für die Welt, aber für Valldemossa: In ihrem Umfeld ist ab 1245 das Dorf überhaupt erst entstanden. Der heutige Bau stammt aus dem 15. Jahrhundert.

Das Unterdorf ist das Reich von „Santa Catalina". Nahe der Kirche, im Carrer la Rectoria wurde sie 1531 geboren. Auf Mallorca genießt Catalina Tomás bis heute größtes Ansehen. Fast zärtlich gedenkt man ihrer Wundertaten. Obwohl erst 1930

---

[93] Chopins Pleyel-Piano traf erst kurz vor seiner Abreise in Valldemossa ein, da es vorher nicht vom Zoll freigegeben wurde; bis dahin spielte er auf einem Behelfsinstrument; heute sind beide Klaviere zu besichtigen.

[94] Sí, cada día (span.) – Ja, jeden Tag

tatsächlich heilig gesprochen, wurde sie bereits zu Lebzeiten entsprechend verehrt. Aus ärmlichen Verhältnissen stammend hatte sie als junge Dienstmagd religiöse Visionen. Trotz fehlender Mitgift wurde sie von den Augustinerinnen in Palma aufgenommen. Im Kloster zeichnete sie sich durch ungewöhnlich große Nächstenliebe und besondere Enthaltsamkeit aus. Sie überstand mehrwöchige komatöse Zustände ohne Nahrungsaufnahme. Überirdische Kräfte mussten am Werk gewesen sein. Man suchte ihren Rat und erklärte Wunderheilungen mit ihrer Gegenwart. Geschwächt durch zu starke Entsagungen starb sie jung. Ihr einbalsamierter Leichnam liegt heute aufgebahrt in einem gläsernen Sarg im Kloster Sta. Magdalena, ihrer ehemaligen Wirkungsstätte.

Im unteren Valldemossa ist sie omnipräsent: An allen Hauswänden, aber auch in der Kirche finden sich Motive aus ihrem Leben. Ein „Catalinabrunnen" spendet kühles Nass, und ihr Geburtshaus ist – umgebaut zur Kapelle – als Gedenkstätte zu besichtigen.

Es kommt mir vor, als nähme ich die Ruhe aus dem Unterdorf mit hinauf. Straßen und Bistros sind leerer geworden. Die tägliche Invasion scheint beendet. Zum Abendessen werden die Pauschalurlauber wieder in ihre Hotels gebracht. Erste Geschäfte schließen, Tische werden abgeräumt, die Kellner schalten zwei Gänge zurück. Ich finde ohne Mühe einen gemütlichen Platz in einem der Cafés und bestelle *tarta de almendras*[95], die mit einer großen Kugel Mandeleis serviert wird. In der Zeitung lese ich vom Dokumentationszentrum „Costa Nord", das vor nicht allzu langer Zeit in Valldemossa gegründet wurde. Ein großes Bild von Michael Douglas ziert den Artikel. Er ist Stifter und will mit dieser Einrichtung die Kulturhistorie der Serra Tramuntana aufbereiten. „Miquel de S`Estaca" nennen sie ihn hier. Seit längerem besitzt er das gleichnamige Anwesen an der Küste vor Valldemossa, einige Zeit war er mit einer Mallorquina verheiratet. Seit der Trennung sind die familiären Beziehungen zwar gekappt, aber die Insel scheint ihm weiterhin am

---

[95]   *tarta de almendras (span.) – Mandelkuchen*

Herzen zu liegen. „Vielleicht musste er auch etwas für sein Image vor Ort tun", denke ich und lege das Blatt beiseite.

13. Tag: Erzherzogs Spuren

Morgens um halb neun ist Valldemossa ein verschlafenes Dorf. Während die Morgensonne schnell an Kraft gewinnt, sitze ich im Straßencafé und frühstücke. Es beginnen die Vorbereitungen für den neuen Tag. Lieferungen werden angenommen, Auslagen hergerichtet und Speisekarten geschrieben. Der Verkehr auf der Hauptstraße hält sich in Grenzen. Der Ort sammelt Kraft für neue Geschäftigkeit. Ich gehe, bevor die anderen kommen.

Bergauf. Zunächst auf Urbanisationsstraßen durch Neubaugebiete, danach in felsigen Serpentinen durch Steineichenwald. An einigen Stellen gewährt er Blicke zurück auf die Türme des Ortes. Abschied von Valldemossa. Auf der Ebene des Pouet verdichtet sich der Wald und bildet zusammen mit dem schroffen Stein eine märchenhafte Kulisse. Der Boden leer gefegt. Schlaksige Stämme, eng beieinander stehend, bemoost und flechtenbewachsen. Selbst bei strahlendem Sonnenschein spürt man Feuchtigkeit und Nebel durchs Geäst kriechen. Zauberwald.

Eine Quelle, hier und da ein Siedlungsrest und die typischen Relikte alter Köhlerstellen. Die Mallorquiner nennen sie *sitjes*[96]: bemooste, kreisrunde Flächen, eingefasst von Steinen. Die Tramuntana ist durchsetzt von ihnen, besonders in den Eichenwäldern sieht man sie häufig. Einstmals dienten sie als Basis der Köhlermeiler. Holzkohle war eine wichtige Energiequelle, ihre Herstellung weit verbreitete Tradition. Köhler zogen durch die Wälder und arbeiteten periodisch immer dort, wo sie ausreichend Holz fanden. Nebenbei säuberten sie den Wald von trockenem Geäst – angesichts der großen Waldbrandgefahr in den heißen Sommern ein nicht zu unterschätzender Effekt. Neben den *sitjes* finden sich bisweilen Reste von Hütten, die den Köhlern als ärmliche Behausungen dienten.

Neben der Köhlerei wurde in den Wäldern Kalk gebrannt. Daran erinnern heute kreisförmige Bauten aus wuchtigen Natursteinmauern, die zum Teil in den Boden eingelassen sind. Es handelt sich um große Öfen, in denen der so genannte *piedra*

---

[96] *sitja (mall.) – Basisfläche eines ehemaligen Köhlermeilers*

viva[97] zu Branntkalk verarbeitet wurde. Ein Brennvorgang dauerte bis zu zwei Wochen, ständig musste Holz nachgelegt werden. Deswegen hat jeder *forn de calc*[98] eine Öffnung im Mauerwerk, von der aus der Ofen zu befeuern war. Eine mühselige und wenig einträgliche Arbeit, die aber bis in die Sechzigerjahre des 20. Jahrhunderts betrieben wurde – ebenso wie die Holzkohleherstellung.

Der Köhlerpfad wird bald abgelöst durch einen gebauten Weg. Aufgeschichtete Felsblöcke dienen der seitlichen Einfassung, eine Schüttung aus kleineren Steinen bildet den Untergrund. Es beginnt der so genannte „Reitweg des Erzherzogs". Als einer der schönsten Wanderwege Mallorcas hat er inzwischen Bekanntheit erlangt. Mitte des 19. Jahrhunderts angelegt, hat er zunächst den Maultieren eines besonderen „Mallorquiners" für den beschwerlichen Aufstieg gedient.

Erzherzog Ludwig Salvator von Habsburg-Toskana war eine schillernde Persönlichkeit. Hätte es das Wort seinerzeit gegeben, wäre er vermutlich als „Aussteiger" bezeichnet worden. Am Wiener Hof sah man ihn schlicht als Sonderling. Auch auf Mallorca betrachtete man sein Tun zunächst mit Skepsis. Die allerdings verflog schnell: Noch zu Lebzeiten wurde er für die Mallorquiner zu „ihrem" *arxiduc*[99]. Er hatte eine mallorquinische Seele und gilt heute als bedeutender Sohn der Insel. Wahrscheinlich gibt es auf ganz Mallorca nicht einen Ort, der keine Straße nach ihm benannt hat.

Salvator nahm den tragischen Tod seiner Braut in jungen Jahren zum Anlass, dem höfischen Leben zu entfliehen. Ein Asthmaleiden erforderte zudem einen Klimawechsel und wies den Weg nach Süden. 1867 kam er zwanzigjährig auf Mallorca an und stürzte sich in ein neues Dasein. Befreit von den Zwängen des Hofes, umgeben von Natur und einfachen Menschen. Hier wollte er bleiben – bei aller inneren Unruhe und Reiselust. Er erwarb große Ländereien im Küstenstreifen von Valldemossa,

---

[97] *piedra viva* (span.) – „lebendiger Stein"; ein besonders harter Kalkstein, der sich gut zum Brennen eignete

[98] *forn de calc* (mall.) – Kalkbrennofen

[99] *arxiduc* (mall.) – Erzherzog

baute Häuser und sorgte sich um die Ursprünglichkeit der Insel. Wenn er landschaftsgestalterisch tätig wurde, dann bemühte er sich um möglichst schonende Eingriffe. So auch bei der Anlage seiner Wege.

Salvator – oder „Salvador", wie ihn die Mallorquiner nennen – verbrachte einen Großteil seines Lebens in der Gegend von Valldemossa. Seine Nachkommenschaft ist weit verzweigt. Er hatte Kinder mit mehreren Frauen, soll aber auch Männern gegenüber nicht abgeneigt gewesen sein. Doch er verheimlichte nichts und sorgte für alle. Seine große Liebe wurde Catalina Homar, eine Mallorquina aus einfachen Verhältnissen. Er unterrichtete sie in Lesen und Schreiben, brachte ihr mehrere Sprachen bei und nahm sie mit auf Reisen. Sogar an den Wiener Hof. Während seiner Abwesenheiten kümmerte sie sich um Landwirtschaft und Weinbau, verwaltete die Güter Son Marroig, Son Miramar und S`Estaca.

Was aber sind die Verdienste dieses Mannes, die ihn bei der Inselbevölkerung so außerordentlich populär gemacht haben? Salvator war nicht nur eine Persönlichkeit mit gewinnendem Charakter, sondern auch ein diszipliniert und akribisch arbeitender Wissenschaftler. Sein Hauptwerk „Die Balearen" gehört bis heute zu den Standardveröffentlichungen. Erstmals wurde darin die Natur- und Kulturgeschichte der Inselgruppe zusammengefasst, veranschaulicht durch eine Vielzahl detaillierter Zeichnungen. Das Werk entstand zwischen 1869 und 1891 und umfasste in der Originalausgabe neun Bände. 1899 erhielt Salvator auf der Pariser Weltausstellung dafür eine Goldmedaille. Die Mallorquiner verdanken ihm ihre erste umfassende geographische Länderkunde.

Auf den Wegen des Erzherzogs gelange ich zum Miradór de ses Puntes. Der *miradór*[100] – ebenfalls von ihm angelegt – ist ein Felsvorsprung mit Schutzmauer und Zinnen. Seine Lage macht deutlich, dass Salvator in der Tat einen außergewöhnlichen Blick für die Schönheit der Landschaft besaß.

Ein erster Gipfel, der Pouet, wird durch einen trigonometrischen Vermessungspunkt markiert. Eine einfache Betonsäule. Der

---

[100] *miradór (span.) – Aussichtspunkt*

Teix, eher unauffällig vor der Silhouette des nördlichen Gebirges, liegt weit entfernt. Auf der nächsten Anhöhe, der Veyá, scheint die erzherzogliche Schutzhütte für überraschende Unwetter bereitzustehen. Dort angekommen, muss man jedoch feststellen, dass dieses *refugio*[101] lediglich für bessere Wetterlagen taugt. Ein Dach existiert nur noch in Fragmenten.

Dann das Herzstück des Weges. Es verläuft über einen lang gezogenen Gebirgskamm und ermöglicht atemberaubende Ausblicke zu beiden Seiten. Im Süden erstreckt sich in der Ferne die Bucht von Palma, davor Flughafen und Stadt. Sogar die Kathedrale lässt sich als mächtiges Monument vor golden schimmerndem Wasser ausmachen. Nach Norden fällt der Kalkstein steil ab. Teilweise direkt neben dem Weg. Neunhundert Meter weiter unten taucht er in das Tiefblau des Meeres ein. Auf halber Höhe liegt Deyá, harmonisch in den Fels eingepasst und sonnendurchflutet.

Vorbei am Gipfel des Caragolí (944 m) gelange ich zu jener Stelle, an der ein Pfad zum Gipfel des Teix abzweigt. Es dauert keine halbe Stunde. Man quert die Tausend-Meter-Marke, hat aber trotzdem nur noch freie Sicht nach Süden. Deyá und die Nordküste sind hinter Vorgipfeln versteckt. Zu meinen Füßen liegt Bunyola, ein Städtchen, das den Übergang der Ebene zum Gebirge markiert. Der eilige Urlauber nimmt es – wenn überhaupt – lediglich als einzigen Bahnhof der historischen Eisenbahnstrecke zwischen Palma und Sóller wahr.

Ich steige ab zum Coll de Sóller. Auf halber Stecke passiere ich die alten Jagdhäuser des Königs Sanç[102]. Eingehüllt in leichten Nebel und erhellt von fahlen Sonnenstrahlen bieten sie einen gespenstischen Anblick. Der Weg endet bei der Mineralwasserabfüllanlage Font des Teix, wenige Meter unterhalb des *coll*[103]. Diese Stelle ist mit einer Höhe von fünfhundertfünfzig Metern die flachste Einkerbung in der nördlichen Kordillere.

In unzähligen Serpentinen quält sich eine Straße empor. Noch bis vor wenigen Jahren stellte sie die einzige Möglichkeit dar,

---

[101] *refugio (span.) – Schutzhütte*
[102] *Sanç I. (mall.) bzw. Sancho I. (span.) – zweiter mallorquinischer König, regierte von 1311–1324*
[103] *coll (mall.) – Sattel, Gebirgspass*

Sóller von der Ebene aus per Auto zu erreichen. Dementsprechend stark war sie frequentiert. Heute liegt sie verlassen da, denn im Frühjahr 1997 wurde der neue Straßentunnel eingeweiht. Obwohl kostenpflichtig, erfreut er sich größter Beliebtheit. Er spart eine halbe Stunde Fahrzeit, deswegen hat sich das Verkehrsaufkommen am *coll* stark verringert. Besonders einschneidend muss diese Veränderung für die Betreiber der beiden Restaurants sein, die sich am Scheitelpunkt der Straße früher großen Andrangs gewiss sein konnten. Heute vermitteln sie einen trostlosen Eindruck.

SÓLLER

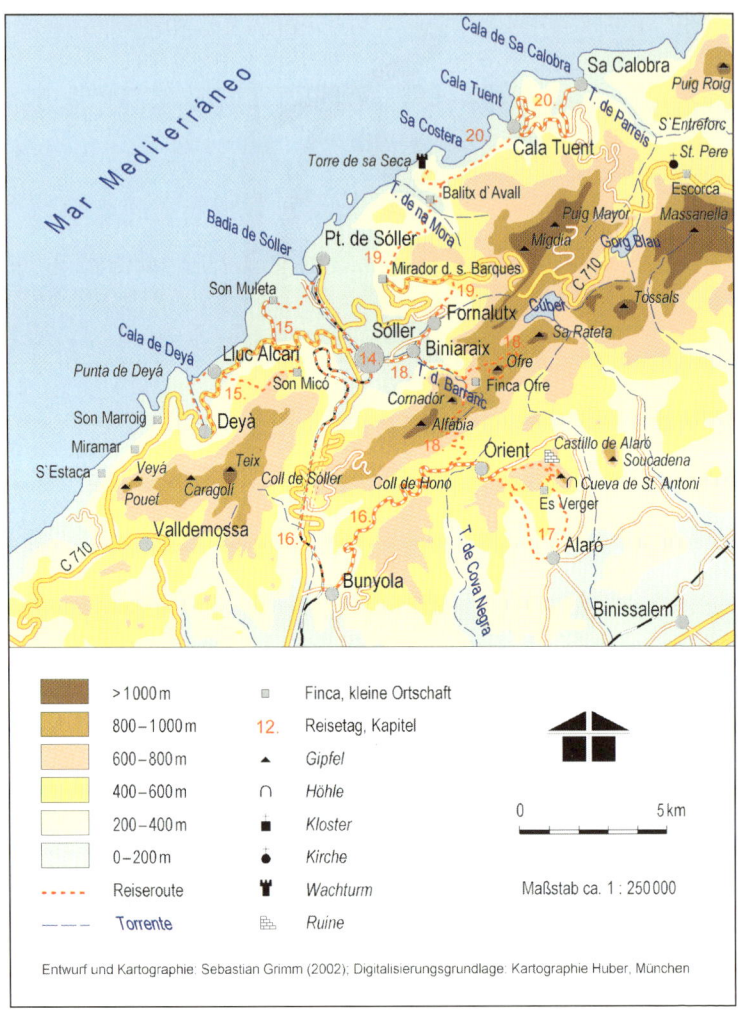

Legend:

⬛	> 1000 m	
⬛	800 – 1000 m	
▨	600 – 800 m	
▨	400 – 600 m	
▢	200 – 400 m	
▢	0 – 200 m	

- - - - - Reiseroute
— — — Torrente

- ▫ Finca, kleine Ortschaft
- 12. Reisetag, Kapitel
- ▲ Gipfel
- ∩ Höhle
- ■ Kloster
- ● Kirche
- ♈ Wachturm
- ▦ Ruine

0 _____ 5 km

Maßstab ca. 1 : 250 000

Entwurf und Kartographie: Sebastian Grimm (2002); Digitalisierungsgrundlage: Kartographie Huber, München

S. 79: Huerta von Sóller, rechts Biniaraix, im Hintergrund die Migdia

14. Tag: Tal der Orangen

Auf dem Herd röchelt die Espressomaschine. Eine alte, verbeulte Aluminiumkanne, die mit blubbernden Geräuschen Aufmerksamkeit einfordert. Teresa verbrennt sich und flucht über die Unzulänglichkeiten ihrer winzigen Küche. Das tut sie fast jeden Tag, aber ändern würde sie nie etwas daran. Auch wenn es manche Dinge schwieriger macht, Spontaneität und der Hang zur Improvisation sind elementare Bestandteile ihres Wesens.

Während ich im Nebenraum Orangen presse, bereitet sie das Frühstück vor. Gleichzeitig klappert sie mit Töpfen, hantiert mit Geschirr und knistert mit Verpackungen. Zeitweise summt sie die Radiomelodie mit, hin und wieder macht sie einen von unzähligen Vorschlägen für meine Tagesgestaltung. Teresa weiß, was in Sóller läuft.

Schließlich bringt sie zwei dampfende Becher und setzt sich zu mir. Das Aroma stimmt. Sie trinkt ihren Kaffee extrastark und ihren Orangensaft mit Whisky. Sie mag keine halben Sachen. Andersartigkeit kann sie hinnehmen, aber verstehen will sie sie nicht. „*¿Porqué me siempre piden éste café calcetines?*"[104] ist ihre Standardfrage hinsichtlich des Geschmackssinnes der meisten Touristen. Schwacher Kaffee braucht bei ihr wenigstens starke Bezeichnungen.

Ich kenne Teresa seit meinem ersten Mallorca-Aufenthalt. Ich war zu Recherchezwecken unterwegs und wurde ihr von einem Kollegen vorgestellt. Von einer starken Erkältung heimgesucht, muss ich einen kläglichen Eindruck gemacht haben. Aber damit war ich bei ihr genau richtig. Sie braute mir einen Vitamintrank, der es in sich hatte, und gab mir eine Kiste Orangen mit. Wenn ich mehr brauchte, sollte ich wiederkommen. Orangensaft statt Aspirin – eine wohlschmeckende Alternative. In Teresas *naranjal*[105] wachsen die aromatischsten Früchte, die ich je probiert habe.

---

[104] *¿Porqué me siempre piden éste café calcetines? (span.) – Warum verlangen sie immer diesen Kaffee, der nach alten Socken schmeckt?*
[105] *naranjal - Orangenhain*

Sie hat viel erlebt in den letzten siebzig Jahren. 1930 wurde sie als Tochter eines emigrierten Mallorquiners in Veracrúz am Golf von Mexiko geboren. Der Vater starb kurz nach der Geburt, die Mutter ging ins Kloster. Noch als Kleinkind kam sie zurück nach Mallorca und wuchs bei den Großeltern auf. Für ihre Ausbildung sorgten französische Nonnen. Sie litt unter den strengen Regeln ihrer Jugend und floh regelrecht in die Ehe. Das war 1951. Franco regierte seit Jahren, und Spaniens Gesellschaftsstrukturen verkrusteten zusehends. Mit ihrem Mann ging sie nach Valencia und blieb dort bis zu seinem Tod in den Siebzigerjahren. Um ein Jahr hat er den Diktator überlebt. „Zu wenig, um das neue Spanien kennen zu lernen", findet Teresa. Als Witwe ist sie nach Sóller zurückgekehrt, um die Finca ihrer Familie weiterzubewirtschaften. „Ich habe in einem Alter angefangen zu arbeiten, in dem andere sich zur Ruhe setzen", kommentiert sie ihren späten Einstieg ins Arbeitsleben.

Sie ist eine lebendige, stolze und gleichzeitig warmherzige Frau. Die dunklen Augen sprühen vor Energie. Man sieht ihr das Alter nicht an. Trotz der verschiedenen Stationen ihres Lebens ist sie immer eine echte Mallorquina geblieben. Der Stammbaum der Familie lässt sich vor Ort zurückverfolgen bis 1230, dem Datum der *reconquista*. Der Conde de Ampurias, einer der Feldherren Jaumes I.[106], ist ihr direkter Vorfahre. Etwa zu seiner Zeit ist mit dem Bau des Hauses begonnen worden, in dem sie heute lebt. Gern präsentiert sie alte Dachpfannen mit maurischen Inschriften, die erst kürzlich bei Renovierungsarbeiten zutage kamen.

Nach dem Frühstück gehen wir durch Garten und Orangenhain. Die Bäume biegen sich unter enormen Zitruslasten. „*Todo biológico*"[107], betont Teresa. Sie nutzt weder Pestizide noch Dünger. Es würde auch keinen Sinn ergeben. Um maximale Erträge geht es in Sóller ohnehin nicht mehr, meist lohnt nicht einmal die Ernte. Im vorigen Jahr hat sie mit der Plantage einen Verlust von 15 000 € gemacht. Landwirtschaft betreibt sie nur

---

[106] Jaume I. (mall.) bzw. Jaime I. (span.) – von 1213 bis 1276 König von Aragón, eroberte 1229/30 Mallorca für die reconquista

[107] todo biológico (span.) – alles biologisch (angebaut)

noch aus Tradition. Weil es dazu gehört – zur Finca und zu Sóller.

Neben den Zitrusfrüchten schimmern Mispeln und Feigen im dichten Grün der Bäume. Vereinzelt reifen Khakis ihrer wässrigen Süße entgegen. Vervollständigt wird der Garten durch ein buntes Blütenmeer aus Bougainvillea, Schönwinde, vielblütiger Rose und Brunnenkresse – orange, rot, tiefblau und lila leuchtet es uns entgegen.

Um überhaupt auf das Grundstück zu gelangen, muss man sich einen Weg durch die Blütenpracht bahnen: Eine lange, weitgehend zugewucherte Einfahrt führt zum Hof, der sich zwischen zwei Queranbauten und Haupthaus erstreckt. Er wird beherrscht von einer riesigen Steineiche, die sicherlich seit einigen Jahrhunderten konkurrenzlos wachsen darf. An der rückwärtigen Seite steht die alles überragende Dattelpalme. Ein wichtiges, wenn nicht gar identitätsstiftendes Element einer jeden mallorquinischen Finca.

Das Haus ist ein inseltypischer Natursteinbau. Durch seinen großzügigen Schnitt wirkt es wie ein Palast. Eine hallenartige Diele führt über Zugänge von Hof und Straße ins Innere. Die Höhe des Raumes war früher auch für einfahrende Pferdewagen ausreichend.

Im Erdgeschoss wohnt die Dame des Hauses. Die obere, repräsentative Etage ist Gästen vorbehalten. Teresa vermietet einige der Zimmer. „Nur um die Landwirtschaft aufrechtzuerhalten", betont sie. Über eine elegante Steintreppe gelangt man in einen herrschaftlichen Salon, der wie ein Museum anmutet. Kunstvoll gearbeitete Möbel aus edlen Hölzern trotzen dem Zahn der Zeit, zum Teil durch weiße Schonbezüge vor unsachgemäßer Behandlung geschützt. Die Vorfahren der Familie blicken würdevoll von den Wänden, und ein überdimensionierter Kronleuchter verleiht dem Raum feierlichen Glanz. Vom Salon gehen die Schlafzimmer ab. Jedes einzelne ist mit einem üppigen Himmelbett ausgestattet – nicht bequem, aber schön anzuschauen. Hochzeitszimmer. Die Mauern atmen lebendige Geschichte. In den Stammbaum hat Teresa handschriftlich ihre Enkel nachgetragen. „Wo *meine* Vorfahren wohl zu Kolumbus` Zeiten gelebt haben?", geht es mir durch den Kopf.

Vom hinteren Schlafzimmer gelangt man hinaus auf die Dach-terrasse. Die Querflügel tragen Flachdächer. Weitläufige Bal-kone, von Emporen eingefasst, von Pflanzen umrankt. Eine sonnige Alternative zum schattigen Hof. Ich lasse mich im Lie-gestuhl nieder und genieße das Panorama. Prächtig, idyllisch, fast unwirklich – kaum ein Attribut reicht aus, um die *huerta*[108] von Sóller zu beschreiben. Für mich einer der seltenen Anlässe für die Verwendung des Wortes „Vollkommenheit".

Nordöstlich sieht man Häuser und Türme der angrenzenden Dörfer Biniaraix und Fornalutx. Dahinter erhebt sich der ge-waltige Felsklotz der Migdia (1 382 m), eines Vorgipfels des Puig Mayor (1 443 m). Rechts lässt sich die gleichmäßig spitze Form des Ofre (1 090 m) erkennen, davor die Felsnase des Cor-nadór (1 009 m). Im Vordergrund erstrecken sich Orangen- und Zitronenplantagen, soweit das Auge reicht – überragt von weni-gen Dattelpalmen, Gummibäumen und einzelnen Feigenkak-teen. Nordafrika trifft Mittelamerika, auf Mallorca wächst alles. Fast behutsam eingestreut wirken die Natursteinhäuser. Ihr er-diges Braun ähnelt der Farbe des Felses. Auch größere Ort-schaften wirken dadurch harmonisch in die Kulturlandschaft eingefügt.

Sulliar – „Tal des Goldes" nannten bereits die Araber dieses Idyll. Nicht nach den Orangen, denn die werden erst seit dem 16. Jahrhundert im großen Stil angebaut. Sie meinten das flüs-sige Gold der Oliven, die seinerzeit das Tal prägten. Heute ha-ben sie allenfalls marginale Bedeutung. Trotzdem könnte der Name kaum treffender gewählt sein.

Vom Landschaftseindruck entrückt, werde ich von lautem Ge-polter in die Realität zurückgeholt. Eine von Lithos Katzen war in die Küche eingedrungen und wird unter lautem Geschimpfe hinausgejagt. Litho ist Maler. Er wohnt im hinteren Teil der Finca. Zu seiner Wohnung gehört die gegenüberliegende Ter-rasse, von der leise Melodiefragmente eines alten Jazz-Standards herüberdringen. Ich meine, das Saxophon Charlie Parkers zu erkennen. Litho kommt aus New York. Er hasst sei-

---

[108] *huerta (span.) – große Gartenanlage (vorwiegend Gemüse- und Obstan-bau)*

ne Heimat und lebt seit Jahrzehnten auf der Insel. Hier gehört er inzwischen zur Familie.

Ich verbringe den Tag mit dem *Diario de Mallorca*[109] auf der Dachterrasse. Sonne auf der Haut. Orangenduft in der Nase. Vor den Augen ein Gebirgspanorama, das gegen Abend in ein orange-rosa Licht getaucht wird – allein dieser Anblick könnte manchen Tag mit Sinn erfüllen.

---

[109] *Diario de Mallorca – regionale Tageszeitung*

15. Tag: Deyá vu

Es sind etwa zwei Kilometer bis ins Zentrum. Durch enge Gassen, vorbei an Häusern, die zur Straße hin verschlossen sind. Ockerfarbene Fassaden werden gegliedert durch vergilbte Fensterläden und ausgeblichene Eichentüren. Nur wenn diese offen stehen, wird dem Passanten Einsicht in das geschmackvoll möblierte Innere der Wohnungen gewährt. Durch Dielen hindurch öffnet sich manchmal der Blick in die Gärten, deren üppiges Grün einen schönen Kontrast zur urbanen Straßenfront bietet. Sóller ist eine wohlhabende Stadt, und das bringt sie dem Besucher auf subtile Art und Weise bei.

Nach kurzer Zeit machen die privaten Fassaden der Wohnhäuser Platz für die ersten Schaufenster. Unaufdringlich säumen sie mit vielfältigem Warenangebot den Carrer Luna, bis dieser auf die Plaça Constitución mündet. Die *plaza* von Sóller wird als einer der schönsten Plätze Spaniens beschrieben, und ich teile diese Einschätzung. Ein Platz von unregelmäßigem Grundriss, eingefasst durch Häuserfronten mit kleinen Balkonen und grünen Fensterläden. Der Erdgeschossbereich wird von Cafés, Restaurants und Bars beherrscht. Nur auf der Stirnseite thront die Pfarrkirche San Bartolomeu zwischen dem Rathaus und der früheren „Bank von Sóller"[110]. Die Cafés haben nicht nur den direkten Außenbereich möbliert, sondern auch das Innere des Platzes, wo knorrige alte Platanen Schatten spenden.

Es sind kaum Touristen unterwegs. Es ist noch früh. Auf der *plaza* sitzen *sóllerics*[111], die die erste Pause des Tages bei einem *carajillo*[112] verbringen. Man grüßt, führt Gespräche quer über den Platz, liest Tageszeitung oder kaut am Zigarrenstummel. Ich setze mich auf die Stufen des Brunnens und nehme die eigenartige Atmosphäre auf. Die *plaza* vermittelt Ruhe – trotz lauten Verkehrs. Ich habe noch etwas Zeit, bevor die *tranvía*[113] zum Hafen abfährt.

---

[110] „Banco de Sóller" – das Gebäude wird heute von einem anderen Kreditinstitut genutzt.
[111] sólleric (mall.) – Einwohner von Sóller
[112] carajillo (span.) – kleiner schwarzer Kaffee mit Brandy
[113] tranvía (span.) – Straßenbahn

Sóller hat den Orangen viel zu verdanken. Und der Französischen Revolution. Französische Flüchtlinge nämlich waren es, die Ende des 18. Jahrhunderts mit dem Export der Früchte in ihre Heimat begannen. Die Orangen aus dem *jardin de l'Espagne*[114] wurden ein Renner. Zunächst in Südfrankreich, später auch im nördlichen Europa. Eine Schädlingsplage führte 1860 zwar vorübergehend zum Zusammenbruch der lokalen Wirtschaft und zur Auswanderung vieler *sóllerics* nach Mittelamerika, aber bereits um die Jahrhundertwende boomte der Markt erneut. Vitamin C war entdeckt worden, und die Nachfrage nach Südfrüchten schnellte empor. Auch wenn es die alten Handelsbeziehungen inzwischen nicht mehr gibt, Sóller ist nach wie vor international verflochten. Heute durch Verwandtschaften – insbesondere natürlich mit Frankreich.

Die Bahn kündigt sich mit entferntem Hupen an. Kurze Zeit später schaukeln die offenen Holzwaggons quer über die *plaza* in Richtung *estación*[115]. Ein malerisches Bild. Seit Anfang des 20. Jahrhunderts sind es dieselben Züge, die Sóller mit seinem Hafen verbinden. Damals transportierten sie Orangen, heute Touristen.

Der Weg führt durch eine ausgedehnte Gartenlandschaft. Die Früchte leuchten in den Bäumen. Sie scheinen grundsätzlich in sicherer Distanz zu den gierigen Händen der Passagiere zu wachsen. Erfahrungswerte. Auf halber Strecke müssen wir halten, um die entgegenkommende Bahn passieren zu lassen. Das geht nur hier – sonst ist die Strecke eingleisig. Mein Wagen ist fast leer, der andere Zug brechend voll. Port de Sóller ist nicht nur Hafen, sondern auch Bade- und Hotelvorort.

Trotzdem besitzt die kreisrunde Bucht auch heute noch Charme. Man hat nicht die gleichen Bausünden begangen wie anderenorts auf der Insel. Noch nicht. Neben baulichen Auflagen hält schlicht die Begrenztheit des Raumes die Urbanisierung im Zaum. Es ist nur wenig Platz zwischen Wasser und Bergen. Jedoch ist festzustellen, dass sich seit einigen Jahren sogar hier allerlei Baugerät die Hänge hinauffrisst.

---

[114] *jardin de l'Espagne (frz.) – spanischer Garten*
[115] *estación (span.) – Bahnhof*

Sóller hat auch seinem Hafen viel zu verdanken. Er wurde die Verbindung zur Außenwelt. Das war notwendig, weil die abgeschlossene Tallage über Jahrhunderte nicht nur Idylle, sondern auch Isolation bedeutete. Vor dem Bau der Eisenbahn war der Weg nach Palma beschwerlich und lang. Kein Ort auf der Insel war zu erreichen, ohne die Tramuntana zu queren. Mallorca war fern. Der Hafen aber bot die Möglichkeit, eigene Handelsbeziehungen aufzubauen. Von hier aus setzten die Orangensegler nach Südfrankreich über. Meist kehrten sie mit anderen Gütern zurück. Auch heute wird mit dem Vorort am Meer gutes Geld verdient. Fast der gesamte Fremdenverkehr der Gemeinde spielt sich hier ab. In der Stadt selbst gibt es kaum Übernachtungsmöglichkeiten.

Cruce[116] heißt die Station, an der ich aussteige. Hier öffnet sich die Bucht. Die Straßenbahn folgt der Uferlinie nach rechts bis zum eigentlichen Hafen, wo sich ein kleiner Ortskern ausgebildet hat. Links beginnt die Strandpromenade. Sie ist gesäumt von Hotels und einem kleinen, aber feinen Sandstrand. Auf dem Wasser dümpeln einige Boote. Dieser Teil des Hafens stirbt im Winter aus. Spätestens im November ist hier alles geschlossen.
Deyá liegt einige Kilometer südlich und zweihundert Meter erhöht. Es gibt verschiedene Wege dorthin, der Aufstieg aber ist unumgänglich.
Beim Verlassen des Tals erscheint die kreisrunde Bucht von Port de Sóller in immer neuen Perspektiven. Ein perfekter Naturhafen. Dann geht es mit geringen Höhenunterschieden durch Ölbaumkulturen, vorbei an einem einsamen Gehöft und dem Örtchen Son Muleta. Der Pfad wird zum Fahrweg, der die C710 quert, um danach zur Finca Son Micó anzusteigen.

Isabel ist im Stress. Bei gutem Wetter steht sie den ganzen Tag an der Saftpresse und versucht, den Bestellungen nachzukommen. Einzelne Gäste sind kein Problem, nur unangemeldete Gruppen sprengen die Kapazität der kleinen Bauernküche.
Seit einigen Jahren betreibt ihre Familie eine kleine Einkehrstation für Wanderer. Mit gutem Erfolg, denn Son Micó liegt an

---

[116] *cruce (span.) – Kreuzung*

einem der meistfrequentierten Wege Mallorcas. Zum Saft gibt es *tarta de limón*[117]. Und Quiche Lorraine. Frankreich ist nah – Isabels Mutter stammt von dort.

Für einen Moment setzt sie sich zu mir vor das Haus. Wir blicken auf das Tal von Sóller und den Puig Mayor. Aus der Diele ist leise die Aufnahme eines Klavierkonzerts zu hören. Ob sie die paradiesische Umgebung überhaupt noch wahrnehmen könne, frage ich. „Nicht in der Saison", ist ihre Antwort. Der Erfolg hat seinen Preis.

Auf gleich bleibender Höhe geht es weiter. Durch waldige und lichte Abschnitte, durch Felstore und vorbei an einsam gelegenen Häusern. Rechts unten das Meer und vorn die Landzunge Punta de Deyá samt *atalaya*[118]. Bei Lluc Alcari steige ich hinab und folge dem Küstenweg. Er verläuft direkt am Wasser, ist schmal und teilweise abenteuerlich. Eine wilde Klippenlandschaft begleitet mich zur Bucht.

Die Cala de Deyá ist beliebtes Postkartenmotiv. Ein kleiner felsiger Strand, einige Fischerboote, in den Fels gehauene Bootsschuppen. Dazu ein strohgedeckter Imbiss und – etwas erhöht – ein Restaurant, das über steile Treppen mit dem Bootsanleger verbunden ist. *Sa Caleta*[119] heißt es. Das ist nicht nur die Verkleinerungsform des Wortes „Bucht", es heißt auch soviel wie „Schlupfwinkel". Eine treffende Bezeichnung. Hier auf der Terrasse kann man bei schwerem Seegang Zuflucht suchen und bis auf einige Gischtspritzer trocken bleiben.

Man isst natürlich Fisch. Ich bestelle *pescaditos*[120] – eigentlich eine Vorspeise – und bekomme einen riesigen Teller gegrillter Sardinen mit Salat.

Von der Bucht ist es ein vierzigminütiger Aufstieg in den Ort. Die Steigung ist beträchtlich. Bereits nach kurzer Zeit tut sich neben dem Pfad ein regelrechter Abgrund auf. Unten fließt, wenn es regnet, der Torrente des Salt. Vor mir liegen die ersten Häuser des Ortes. Idyllisch ziehen sie sich den Hang hinauf, be-

---

[117] tarta de limón (span.) – Zitronenkuchen
[118] atalaya (span.) – Wachturm; vgl. Tag 7: Wilder Westen
[119] caleta (span.) – kleine Bucht
[120] pescadito (span.) – kleiner Fisch

gleitet vom tiefen Blau der Schönwinde. Diese wurzelt im feuchten Milieu des *torrente*[121] und überwuchert die anderen Pflanzen.

Am Waschhaus geht eine ältere Frau ihrer mühsamen Arbeit nach. Von hier sind es nur wenige hundert Meter bis zur Kirche. Sie beherrscht den Ort vom höchsten Punkt. Der dazugehörige Friedhof besticht durch seine atemberaubende Lage. Rückwärtig geht es steil hinab zur Bucht, auf der anderen Seite erhebt sich das Teix-Massiv. Vielleicht liegt es an der landschaftlichen Einbettung, dass viele Auswärtige sich wünschen, hier bestattet zu werden. Oder liegt es an der prominenten Nachbarschaft? Ich finde das Grab des britischen Schriftstellers Robert Graves, der seit den Zwanzigerjahren bis zu seinem Tod 1985 hier gelebt hat. Er war nicht der erste Fremde, der in der Abgeschiedenheit des malerischen Bergdorfs Inspiration und Ruhe suchte. Aber er war es, der im Wesentlichen das Image des „Künstlerortes Deyá" geprägt hat. Andere Schriftsteller, Schauspieler, Musiker und Maler folgten ihm und blieben mehr oder weniger lange.

Auf dem Weg zur Hauptstraße schnappe ich englische Sprachfetzen auf, später französische. Deyá ist international und tut etwas für seinen Ruf. Ausstellungen und Lesungen werden veranstaltet, einmal im Jahr findet ein Musikfestival statt. Was allerdings der tägliche Gast zu sehen bekommt, ist ernüchternd, denn eine große Zahl von Lebens-Künstlern versucht, mit dem Image des Ortes Geld zu verdienen. An der Hauptstraße reiht sich Laden an Laden. Kleidung, Tücher, Schmuck und Lederwaren sind im Angebot. Natürlich teurer als anderswo, denn Deyá hat seinen Preis.

An der Bushaltestelle läuft die tägliche „Fünf-Uhr-Vorstellung". Eine Schlange von über fünfzig Menschen steht in der sengenden Sonne. Zwanzig Minuten vor der Abfahrt. Man möchte zurück nach Sóller und reiht sich frühzeitig auf der entsprechenden Straßenseite ein. Viele sind mit Wanderstöcken bewaffnet und haben einen ähnlichen Weg hinter sich wie ich.

---

[121] *torrente (span.) – Sturzbach, periodisch Wasser führend*

Ich setze mich gegenüber in den Schatten und beobachte die Szene. Überwiegend Deutsche, mindestens zwei größere Fraktionen, wahrscheinlich organisierte Wandergruppen.
Es wird getuschelt. Man tut lässig, ist aber angespannt. Wo genau wird er halten? Wie voll wird er sein? Man berät sich. Nicht alle würden einen Platz finden, das ist jedem klar. „Hauptsache, wir kommen vor denen rein", dringt es zu mir herüber. Die ersten Drängler, die ersten Beschimpfungen. Ich finde es immer weniger belustigend, es wird mir peinlich. Als der Bus schließlich eintrifft, grinst der Fahrer beim Anblick der Meute. Er fährt vorbei und hält ein Stück weiter vorn. Augenblicklich setzt ein Sturm auf die Eingangstür ein. Aussteigende Fahrgäste haben Schwierigkeiten, sich den Weg ins Freie zu bahnen. Etwa die Hälfte der Plätze ist schon besetzt, um den Rest wird gestritten. Einige verlieren die Fassung. Wüste Verbalattacken, rücksichtsloses Geschiebe – „Ellenbogengesellschaft". Es dauert zehn Minuten, bis die Schlacht geschlagen ist. Der Vorhang fällt, der Bus fährt ab. Innen scheint die Auseinandersetzung weiterzugehen, draußen freuen sich drei Taxifahrer über die Übriggebliebenen.

Ich spreche einige Passanten an, ob sie mich in ihrem Auto mitnehmen könnten, und habe schnell Erfolg. Ein älteres Ehepaar lässt mich einsteigen. Bald schon haben wir den Bus eingeholt. Er hängt immer dann fest, wenn er ähnlich dimensionierten Fahrzeugen begegnet. Dann muss auf der engen Trasse in abenteuerlicher Weise manövriert werden. Immer direkt am Abhang. An der nächsten Haltestelle überholen wir und kommen sogar einige Zeit früher in Sóller an.

16. Tag: Zeit- oder Geldmaschine?

Die Eisenbahn zwischen Palma und Sóller ist heute weniger
Verkehrsmittel als touristische Attraktion. Seit 1912 verbindet
der Ferrocarril de Sóller die beiden Städte und überwindet in
dreizehn Tunneln die Serra Tramuntana. Für achtundzwanzig
Kilometer benötigt der Zug etwa eine Stunde. Nicht eben wenig. Aber die Passage ist ein Erlebnis. Die Fahrkarte nämlich
berechtigt nicht nur zum Überwinden von Distanz, sie ermöglicht zusätzlich eine Reise in die Vergangenheit. Bis heute ver-
kehren die Originalzüge der letzten Jahrhundertwende. In den
Zwanzigerjahren, nach der Elektrifizierung, wurden lediglich
die alten Dampfloks durch neue Triebwagen ersetzt. Sonst blieb
alles beim Alten.

Die Wagen sind aus Holz. Sie verfügen über kleine Außenplatt-
formen mit schmiedeeisernen Aufbauten und Übergängen zum
jeweils nächsten Waggon. Innen weisen sie eine Menge liebevoll ausgewählter Details auf. Mahagonitäfelungen, messing-
eingefasste Lampen, Sitzbänke, deren Orientierung sich je nach
Fahrtrichtung verstellen lässt. Treu blickt die Lokomotive aus
kugelrunden Knopflampen und reckt ihre Stromabnehmer gen
Oberleitung. Alle Wagen machen einen sehr gepflegten Eindruck, wirken frisch lackiert.

Warum der Zug sich allerdings den Spitznamen „Roter Blitz"
eingehandelt hat, bleibt angesichts der dunkelbraunen Lasur
sein Geheimnis – zumal auch seine Bewegungen heute eher
gemächlich wirken. Historisch gesehen aber verhalf er Sóller zu
einer Geschwindigkeitsrevolution: Statt eines Tages brauchte
man nun nur noch eine Stunde, um die leicht verderbliche Ware
nach Palma zu transportieren. Die Inselhauptstadt war der neue
Absatzmarkt für Zitrusfrüchte geworden. Nach Entdeckung der
gesundheitsfördernden Wirkung von Vitamin C boomte die
Nachfrage. Aus diesem Grund haben die Bürger Sóllers eine
Aktiengesellschaft gegründet und den Bau der Bahn selbst fi-
nanziert. Ein gewaltiger wirtschaftlicher Kraftakt für eine kleine
Gemeinde. Aber die *sóllerics*[122] haben aus dieser Herausforderung das Beste gemacht: Durch den zusätzlichen Bau der *tran-*

---

[122] *sólleric (mall.)* – Einwohner von Sóller

vía[123] nach Port de Sóller erreichte man einerseits die Mindeststreckenlänge für die Zuteilung staatlicher Subventionen, andererseits rentiert sich gerade die Kombination beider Bahnen bis heute: Von Palma und vom Hafen aus gelangen Besucher in die Stadt, ohne dass sie sich besonders für Sóller interessieren müssen. Zweifellos eine lohnende Investition.

Wir haben Teresas alten Seat vor dem Bahnhof geparkt und warten auf den Zug. Mit seiner Ankunft verändert sich die Szenerie schlagartig: Lag der Bahnsteig eben noch verlassen da, quellen jetzt lärmende Menschenmassen aus Waggons. Durch zwei Treppen kanalisiert, ergießen sie sich auf den Bahnhofsvorplatz. Von dort verteilen sie sich langsam in der Stadt oder fahren weiter zum Hafen.
Dies war offensichtlich der *tren turístico*[124] aus Palma, eine pfiffige Spezialität im Fahrplan des *ferrocarril*[125]. Pauschalurlauber aus allen Winkeln der Insel können nur diesen einzigen Zug nehmen, wenn sie sowohl in Ruhe frühstücken, als auch in Sóller etwas vom Tag haben wollen. Und gerade für diese Fahrt wird der doppelte Preis berechnet. Die einzige Zusatzleistung ist ein Fotostop oberhalb von Sóller. Frech, aber effektiv. Der Ferrocarril de Sóller ist eines der wenigen Bahnunternehmen auf der Welt, die tiefschwarze Zahlen schreiben.

Wir steigen ein. Das Abteil ist jetzt fast leer, und Teresa macht es sich bequem. Langsam setzt sich der Zug in Bewegung. Ein rhythmisches Klopfen überträgt sich vom Gleiskörper auf die Waggons, begleitet von einzelnen hellen Tönen des Signalhorns. Zunächst fahren wir eine große Schleife im Tal. Höhenmeter um Höhenmeter erkämpft sich die alte Siemens-Maschine. Dann folgen die Tunnel, erst kleinere, schließlich der lange Haupttunnel. Zurück im Tageslicht bremst der Zug bereits wieder ab, um kurz darauf in den Bahnhof von Bunyola einzurollen.

---

[123] tranvía (span.) – Straßenbahn
[124] tren turístico (span.) – touristischer Zug
[125] ferrocarril (span.) – Eisenbahn

Der Ort macht einen sympathischen Eindruck. Er liegt in der Südflanke der Serra Tramuntana. Dort, wo sie sich zur Ebene öffnet. Besonderheiten von Bunyola sind – neben dem Gleisanschluss – Regenreichtum und Hochprozentiges. Hier ist die Schnapsbrennerei *Tunel*[126] beheimatet, benannt nach dem Zentralbauwerk des *ferrocarril*. Folgerichtig ist auf dem Etikett der Hierbasflaschen eine Dampflok bei der Tunnelpassage abgebildet.

Wie der Name schon sagt, im *hierbas*, mallorquin *herbes*, ist eine Vielzahl von Kräutern enthalten. Die Zusammensetzung variiert, unverzichtbarer Bestandteil aber ist Anis. *Herbes* hat eine giftgrüne Farbe und hilft gegen jedwede Krankheit – so behauptet es der Volksmund. Er ist in drei Varianten erhältlich: *dolces*[127], *semi-seques*[128] und *seques*[129]. Die halbtrockene Variante hat meiner Meinung nach wenig Existenzberechtigung, zu sehr ähnelt sie dem süßen Likör.
Palo ist das zweite bekannte Produkt der Destillerie. Ursprünglich aus einem Mittel zur Malariabehandlung hervorgegangen, ist er heute ein beliebter Aperitif. Eine schwarze ölige Flüssigkeit auf der Basis von Chinarinde und Enzian. Darüber, ob auch Johannisbrot enthalten ist, gibt es unterschiedliche Meinungen. Aber wie dem auch sei – ich mag ihn nicht. Er mutet merkwürdig an und schmeckt muffig. Vielleicht muss man damit aufgewachsen sein.

Pedro sieht aus, wie man sich einen mallorquinischen Bauern vorstellt. Sonnengegerbte Haut, schwere Stiefel und erdige Arbeitskleidung. Charakteristisch auch die Zigarre, die an seinem Mundwinkel festgewachsen scheint. Ein halbes Jahrhundert hat er auf den staubigen Äckern der Insel verbracht. Kaum ein Wort Castellano kommt über seine Lippen. Bereits nach einem halben Satz rutscht er jeweils wieder zurück in ein breites Mallorquí.

---

[126] *tunel (span.) – Tunnel*
[127] *herbes dolces (mall.) – süßer, likörartiger Hierbas*
[128] *herbes semi-seques (mall.) – halbtrockener Hierbas*
[129] *herbes seques (mall.) – trockener, hochprozentiger Hierbas*

Er fährt uns über den Coll de Hono in das Tal von Orient. Noch vor dem Ort biegt er ab. Die Finca liegt einsam. Das Dorf ist einen Kilometer entfernt und hat selbst kaum mehr als zwanzig Einwohner. Über eine lange Auffahrt durch gepflegte Gartenanlagen steuern wir auf das Haupthaus zu. Ein typischer Natursteinbau, etwa zweihundert Jahre alt. Hier wohnt Maribell, die Cousine Teresas.

Wir setzen uns in den Hof und genießen die rötliche Sonne des Spätnachmittags, bevor sie sich hinter den Bergen versteckt.

Das Haus ist repräsentativ und mit viel Liebe zum Detail renoviert. Die Eingangshalle wird beherrscht von einem riesigen Esstisch. Daneben antikes Mobiliar und an den Wänden historische Waffen. In der Küche fehlt es gänzlich an modernem Gerät. Von der Suppenschüssel bis zum Salzstreuer, alles mallorquinische Töpferwaren.

Im Obergeschoss gibt es unzählige Schlafzimmer – Maribell betreibt *agroturismo*[130]. Die Kombination mit dem Tourismus ist häufig existenziell erforderlich für das Überleben der Landwirtschaft. Die geräumigen Fincas bieten sich dafür an, und die Nachfrage nach alternativen Unterkunftsmöglichkeiten ist in den letzten Jahren stark gestiegen. Das Landesinnere wird neu entdeckt.

Noch in den Fünfzigerjahren führte das Aufkommen des Massentourismus zur Abwanderung. Junge Leute zogen aus den zentralen Bereichen Mallorcas in die neuen Ferienorte an der Küste. Den Bauern ging es schlecht. Konkurrenzdruck und Innovationsstau kennzeichneten die Situation. Die besseren Verdienstmöglichkeiten im Tourismus waren für viele Grund genug, die elterlichen Betriebe nicht weiterzubewirtschaften.

Damals wüst gefallene Fincas stellen heute begehrte Spekulationsobjekte dar. Im Fremdenverkehr wie in der Landwirtschaft hat ein Erneuerungsprozess eingesetzt, der das Interesse von einheimischen und vermehrt auch ausländischen Investoren auf jene abgelegenen Landstriche lenkt. „Zum Glück kann heutzutage nicht mehr beliebig urbanisiert werden", kommentiert Maribell die Situation. „Im Tourismus gelten neue Qualitätsmaß-

---

[130] *agroturismo (span.) – sinngemäß: Ferien auf dem Bauernhof*

stäbe, und gerade die Tramuntana genießt einen besonderen Schutzstatus." Die Bodenpreise allerdings, fügt sie hinzu, würden durch die Ausländer gründlich verdorben. Ein normal verdienender Mallorquiner kann es sich heute kaum noch leisten, Wohneigentum zu erwerben. Und gerade diese Wohnform hat in Spanien Tradition.

Das Tal von Orient liegt vierhundert Meter höher und ist deutlich kälter als das von Sóller. Auch regnet es mehr. Die vom Meer kommenden Luftmassen werden durch die Kordillere zum Aufsteigen gezwungen. Sie kühlen ab und können die Feuchtigkeit nicht mehr halten. Ein einfaches Steigungsregenprinzip. Entsprechend trägt auch die Landwirtschaft weniger mediterrane Züge: Apfelplantagen, Getreideanbau, Olivenhaine und Schafzucht prägen die Umgebung. Maribell hat einige Ackerflächen, einen großen Olivenhain und massenweise Schafe. Heute wird geschoren. Aus dem Stall tönt uns ohrenbetäubendes Gemecker entgegen. Pedro sitzt inmitten eines überdimensionalen Wollknäuels und bearbeitet ein Tier nach dem anderen. Die noch zotteligen Exemplare versuchen, der Furcht einflößenden Elektroschere zu entkommen. Die bereits geschorenen springen erleichtert davon. Pedro lässt sich nicht aus der Ruhe bringen. Mit erfahrenen Handgriffen fixiert er sie und beraubt eins ums andere seiner Wolle.

Langsam wird es dunkel, und wir bereiten das Essen vor. Ich decke die große Tafel und heize den Kamin an. Zunächst gibt es *sopa de calabaza*[131]. Danach *frit mallorquí*, ein deftig gewürztes Gemisch aus gebratenen Innereien mit Gemüse. Zum Nachtisch hat Maribell *bunyols de patata*[132] vorbereitet. Alles aus eigener Produktion.
Im Hintergrund laufen *boleros*[133] vom Band. Die mallorquinische Folklore vereint Schwermut mit Fröhlichkeit. Das passt gerade zu dieser Landschaft besonders gut.

---

[131] *sopa de calabaza (span.)* – Kürbissuppe
[132] *bunyols de patata (mall.)* – Kartoffelkrapfen
[133] *boleros (mall.)* – folkloristische Musik (Lieder/Tänze), die auf landwirtschaftliche Motive zurückgeht (Ernte, Schlachtungen etc.)

Maribell ist eine zurückhaltende Person. In ihrem Leben hat es einen zweiten Anfang gegeben. Wie Teresa ist sie aus einer streng reglementierten Jugend in die Ehe geflohen. Bei ihr ging es nicht gut. Als die Kinder erwachsen waren, trennte sie sich von ihrem Mann und begann ein neues Leben. Hier in Orient. Dazu musste sie die Finca renovieren und die Landwirtschaft neu organisieren. Wirtschaftliche Notwendigkeiten und Ablenkung vom Gewesenen trieben sie an. Mit fünfzig lernte sie Traktor fahren und Klavier spielen. Von der Saat bis zur Ernte musste sie alles selbst anpacken. Sie wurde ihr eigener Tierarzt und Buchhalter. Es gab viel Land, aber wenig Geld.

Sie erzählt von Streifzügen durch die Wälder, von Pflanzen und Vögeln. Sie hat die Beschwingtheit der Sommer erlebt und die unheimliche Einsamkeit der Winter. Gerade in ihrem ersten Jahr brachte die kalte Jahreszeit viel Schnee und hat ihrer Willenskraft einiges abverlangt.

Später kamen die Gäste. Sie haben die Finca zumindest zeitweise belebt und die wirtschaftliche Lage verbessert. „Die schwierigen Jahre sind geschafft", schließt Maribell. Zumindest die Winter will sie in Zukunft wieder in Sóller verbringen.

Mein Nachtlager schlage ich in einem der oberen Zimmer auf. In einem riesigen Bett und unter den strengen Blicken der „bösen Großmutter": Eine Vorfahrin der Familie fixiert mich mit abgrundtiefer Verachtung aus einem großformatigen Gemälde. Der – wahrscheinlich dazugehörende – Mann im Bild nebenan sieht mitgenommen aus. Szenen einer Ehe, manifestiert in Öl. Ich lösche das Licht und lasse mich von den stetig bimmelnden *picarols*[134] in den Schlaf begleiten.

---

[134] *picarols (mall.)* – Schafsglocken

17. Tag: „Hilfe!"

In der Frühe werden die Schafe an meinem Fenster vorbeigetrieben. Geläute und Geblöke ersparen mir den ungeliebten Ton des Weckers.

In der Küche bereitet Maribell *pa amb oli*[135] für uns. Dicke Brotscheiben werden mit *aceite*[136] und zerriebenen Tomaten vorbehandelt, anschließend mit *queso*[137] oder *jamón*[138] belegt – eine beliebte Mahlzeit zum ländlichen Frühstück oder für zwischendurch. Deftig, gerade morgens früh. Pedro, der seit Stunden auf den Beinen ist, vertilgt problemlos die dreifache Menge.

Gemeinsam fahren wir in Richtung Alaró. In Orient herrscht enormer Betrieb. Für ein Zwanzig-Seelen-Dorf unpassend. Die beiden Restaurants brechend voll, und die einzige Straße von parkenden Autos gesäumt. „Es ist Feiertag", erklärt Maribell, „und Orient unter Mallorquinern ein beliebtes Ausflugsziel."

Etwa zwei Kilometer hinter dem Ort lasse ich mich absetzen. Hier beginnt der Weg zum *castillo*[139]. Zum Mittagessen verabrede ich mich mit den *señoras* im Berggasthof Es Verger, den man von der anderen Seite aus auch mit dem Auto erreichen kann.

Ein schmaler Fußweg führt zunächst gemächlich durch einen Olivenhain, um danach in einem Waldstück beträchtlich an Höhe zu gewinnen. Ich befinde mich in der Vorkordillere. Sie begrenzt das Tal von Orient nach Süden, im Norden ist es vom Hauptgebirgszug abgeschlossen. Bald schon wird der Blick auf die gegenüberliegenden Gipfel freigegeben, auf Ofre und Massanella.

Der Aufstieg führt zu einem Waldparkplatz. Wenn man seinem Gefährt einiges zumuten mag, kann man bis hierher auch mit dem Auto fahren. Die letzten einhundert Höhenmeter jedoch bleiben einem nicht erspart, will man die Bergfestung auf dem

---

[135] *pa amb oli (mall.)* – Brot mit Öl
[136] *aceite (span.)* – Öl, hier: Olivenöl
[137] *queso (span.)* – Käse
[138] *jamón (span.)* – Schinken
[139] *castillo (span.)* – Burg, Schloss

Gipfel erreichen. Das geht nur zu Fuß. Aber der Weg ist gut ausgebaut. Deutlich ist zu spüren, dass das Castillo de Alaró nicht nur ein beliebtes Ziel für Wanderer und Bergsteiger ist, sondern auch ein Ort, der den Mallorquinern zur Identifikation mit ihrer Geschichte dient. Gerade feiertags begegnet man einer Vielzahl von Großfamilien und Jugendgruppen, die an den steil emporragenden Felsen vorbei zum *castillo* „pilgern". Eine Treppe führt zum noch erhaltenen Eingangstor der Burganlage. Sie umfasst den gesamten Gipfelbereich. Geschickt nutzte man für dieses Bollwerk die natürliche Lagegunst. Allseitig steil abfallende Felswände stellten potenzielle Angreifer vor eine wirklich schwere Aufgabe. Das bekamen sowohl die Araber Anfang des 10. Jahrhunderts als auch die Rekonquistadoren nach 1230 zu spüren. Der letzte maurische Gouverneur Benehabet hatte sich mit wenigen Gefolgsleuten zwei Jahre hier verschanzt, bevor er sich kampflos ergab.

Das Alter der Burg ist nicht feststellbar. Einzelne Spuren reichen bis vor die Römer zurück. Die heute sichtbaren Mauerreste allerdings stammen aus der Zeit nach der *reconquista*.

Für die Mallorquiner ist 1276 ein wichtiges Datum. Mit dem Tod des Rekonquistadoren Jaume I.[140] nämlich begann die kurze und sehr wechselhafte Episode des Mallorquinischen Königreichs. Er hatte das von ihm kontrollierte Gebiet unter seinen Söhnen Pedro III. und Jaume II.[141] aufgeteilt. Letzterer erhielt ein inhomogenes Staatenbündel, das neben den Balearen nur die südfranzösischen Exklaven um Perpignan und Montpellier umfasste. Es war klein und lag strategisch ungünstig zum mächtigen Aragón, das sich bald bis Sizilien und Sardinien ausdehnte[142]. Trotzdem ließ sich Jaume II. zum „König" von Mallorca krönen. Er stellte sich damit auf dieselbe Stufe mit seinem älteren Bruder und löste so Erbstreitigkeiten aus, die über ein Dreivierteljahrhundert andauern sollten. Es ging um Lehensabhängigkeiten, wechselnde Koalitionen, päpstliche Bannsprüche und familiäre Hinterlisten.

---

[140] Jaume I. – von 1213 bis 1276 König von Aragón, eroberte 1229/30 Mallorca für die reconquista

[141] Jaume II. – erster König von Mallorca, regierte von 1276 bis 1311

[142] Sizilien gehörte ab 1282, Sardinien ab 1297 zu Aragón.

1349, zwei Generationen später, fanden die Auseinandersetzungen in der Schlacht von Llucmayor ein Ende. Der letzte mallorquinische König Jaume III.[143] wurde von seinem Cousin und Schwager Pedro IV. geschlagen. Mallorca fiel zurück an Aragón. Er selbst fand auf dem Schlachtfeld den Tod.

Eine frühere Besetzung der Insel durch Aragón im Jahr 1285 wurde auf Druck des Vatikans und Frankreichs hin wieder rückgängig gemacht. Jedoch ist es dieses frühere Ereignis, welches das Castillo de Alaró zum Sinnbild mallorquinischer Identität werden ließ. Die Insel war bereits erobert, aber einige Truppenteile hatten sich auf die Bergfeste zurückgezogen und leisteten weiterhin erbitterten Widerstand. Und nicht nur das. Obendrein verspotteten die Feldherren Cabrit und Bassa den Eindringling Alfons III. ob seiner Ohnmacht, den Sieg zu vollenden. Das jedoch rächte sich auf grausame Weise. Sie mussten sich ihm schließlich doch ergeben und wurden bei lebendigem Leib geröstet. Heute zieren ihre Bildnisse den Altar in der Gipfelkapelle. In einem Reliquienschrein im Nebenraum sind außerdem zwei Rippen zu sehen – angeblich die Knochen der Märtyrer.

Die blutrünstige Historie ist einer ausgelassenen Gegenwart gewichen. Ausflugslokal und Aussichtsterrasse sind überfüllt. Verpflegung wird ausgepackt. Getränke machen die Runde. Kinder werden versorgt, und Jugendliche ziehen in kleinen Grüppchen umher. An Feiertagen sind die Mallorquiner deutlich in der Überzahl und erobern verlorenes Terrain von den Touristen zurück.

Bei guter Sicht kann man die ganze Zentralebene einsehen. Heute jedoch ist es diesig, und Es Pla[144] verschwindet im Dunst. Von Norden her ziehen dunkle Wolken auf.

Ein einstündiger Abstecher führt zur Cueva de St. Antoni. Ich klettere das Gipfelplateau hinab. Das äußerste Ende wird durch einen Wachturm markiert. Dahinter stürzt der Fels in die Tiefe.

---

[143] Jaume III. – dritter und letzter König von Mallorca, regierte von 1324 bis 1349

[144] pla (mall.) – Ebene; Es Pla bzw. Llanura del centro (span.) bezeichnet die „Zentralebene", eine der drei großen Landschaftseinheiten Mallorcas.

Einst sicherer Schutz für Belagerte, heute nicht zu unterschätzende Gefahr für Wanderer.

Oberhalb des Turms findet sich ein unscheinbares Loch im Gestein. Der Eingang zur Höhle. Es kostet Überwindung, sich hockend in die Finsternis vorzutasten. Doch nach wenigen Metern sieht man wieder Licht. Eine kleine Felsöffnung tut sich auf. Hinter dem schmalen Einstieg öffnet sich die *cueva*[145]. In Jahrmillionen wurde sie vom Wasser aus dem Kalkgestein herausgearbeitet. Sie ist nach Osten orientiert. Soweit man sehen kann, ist der Boden leicht abschüssig. Was man nicht mehr sieht, ist der Abgrund dahinter. Es ist nicht ungefährlich, insbesondere wenn der Stein feucht und rutschig ist. Ich arbeite mich zu einem Wasserbecken vor, erkenne einen kalkglasierten Altar und eine Nische für eine Marienfigur. Was mögen hier für Einsiedler gehaust haben? Ich lasse meinen Blick über den kleinen Landschaftsausschnitt schweifen, den die Höhlenöffnung preisgibt. Unten sind mit Mühe Mandelbäume zu erkennen, die jedes Jahr in der zweiten Januarhälfte einen Großteil der Insel in ein weißes Blütenmeer verwandeln.

Der Weg zu meiner Mittagsverabredung führt zurück über den Gipfel. Eine andere Strecke gibt es nicht. Von oben ist auf halber Höhe der Gasthof zu sehen. Auch dort reger Ausflugsbetrieb, der Parkplatz voll besetzt. Eine halbe Stunde später komme ich an. Damit entgehe ich knapp dem Wolkenbruch, der sich seit geraumer Zeit angedeutet hatte. Ich bin froh, dass die *señoras* einen Tisch ergattern konnten. Es ist brechend voll. Gäste, die vorher draußen saßen, drängen mit Tellern in der Hand hinein. Es wird unerträglich eng.

In diesem Durcheinander gibt eine kleine Frau lautstark Regieanweisungen. Eigentlich führt Doña Antonia das Restaurant als Familienbetrieb. An derartigen Tagen jedoch ist sie auf zusätzliches Personal angewiesen, welches sie resolut dirigiert.

Wir sitzen in der rustikalen Diele. An Wänden und Decke sind landwirtschaftliche Geräte angebracht. Die angrenzenden Stallgebäude wurden zu Speisesälen umfunktioniert. Man hat einfach Tische neben die Futtertröge gestellt. Ansonsten ist alles

---

[145] *cueva (span.) – Höhle*

unverändert. An der Stirnseite der Diele ist ein riesiger Ofen in die Wand eingelassen. Hier garen die *paletillas*[146]. Dafür ist Es Verger berühmt. Es gibt den besten Lammbraten auf ganz Mallorca. Die Speisekarte bietet dazu kaum Alternativen. Doch gerade die Beschränkung auf das Ortstypische und die rustikale Urtümlichkeit haben das Restaurant über die Insel hinaus berühmt gemacht.

Zur Lammschulter bekommen wir Röstkartoffeln, Salat und eine Flasche Rotwein aus Sta. Eugenia. Das Fleisch fällt vom Knochen und schmeckt vorzüglich. Der Wein hat es in sich, lässt uns Lautstärke und Enge gleichmütiger ertragen. Trotzdem sind wir danach froh, wieder draußen zu sein.

Da es immer noch in Strömen gießt, lasse ich mich bis nach Alaró im Auto mitnehmen. In einer Bar an der *plaza* nehmen wir den Kaffee. Ein hübsches Fleckchen. Unaufgeregt. Alaró war immer schon das Tor zur Bergwelt, diente als Marktplatz für Jäger und Köhler. Doch nicht nur Felle und Holzkohle wechselten hier den Besitzer, sondern auch Schmuggelware. Palma und das Gesetz waren fern. Eine leichte Stimmung von Verschworenheit vermittelt der Ort auch heute noch.

Da der Regen nach einer halben Stunde schwächer wird, verpacke ich mich so wasserdicht wie möglich und stiefle los. Ich nehme die kürzeste Verbindung nach Orient, den alten Postweg. Er folgt zunächst dem Lauf des Torrente de S'Estret. Der Regen lässt weiter nach. Binnen kurzem fallen nur noch schwere Tropfen von den Bäumen. Die Wolkendecke reißt auf, und es wird heller. Wasserdampfschwaden hängen in der Luft. Rinnsale schrumpfen zu Pfützen, während ich auf dem Fahrweg bergan steige.

Je höher ich komme, desto mehr konkretisiert sich ein wiederkehrender Laut. Ich kann ihn nicht deuten. Ich denke zunächst an ein Tier, einen Vogel oder einen Esel, aber langsam wird mir klar, dass dort ein Mensch ruft. Um die Stimme zu orten, antworte ich. Keine Reaktion. Stille. Ich schenke dem abknicken-

---

[146] *paletilla de cordero (span.) – Lammschulter*

den Pfad nach Orient keine Beachtung und bleibe auf dem Fahrweg bis dieser endet. Dann höre ich es wieder. „Hilfe" und „Hallo" tönt es jetzt deutlicher von oben. Dann wieder Stille. Kurz denke ich daran, dass mir jemand einen Streich spielen könnte. Ich stehe vor einem terrassierten Hang, darüber eine Steilwand. Am plausibelsten erscheint mir die Vorstellung eines Kletterers, der vom Unwetter überrascht wurde. Aber niemand ist zu sehen. Beim nächsten Hilferuf beginne ich mit dem Aufstieg über die Terrassen. Ich gehe nach Gehör und nutze die Trillerpfeife als Kommunikationshilfe. Trotzdem erblicke ich den Verunglückten erst, als ich direkt vor ihm stehe. Er sitzt gut versteckt unter der Steilwand – ein dicklicher älterer Herr, offenkundig verwirrt, völlig durchnässt, unterkühlt und total entkräftet. Er heißt Erwin, kommt aus Neuss und kann nicht erklären, wie er hierher gekommen ist. Er habe seine Reisegruppe verloren, ist das Einzige, was er mit Bestimmtheit sagen kann. Die war unterwegs zum *castillo*, er sollte vorgehen zum Restaurant. Ich nehme an, dass er vom Es Verger spricht. Das jedoch liegt auf der anderen Seite der Steilwand, und mir ist nicht ersichtlich, wie er von dort aus hier landen konnte. Er sei nicht gestürzt, beantwortet er meine Frage. Tatsächlich scheint er unverletzt zu sein, „nur" völlig am Ende. Beim Versuch aufzustehen sacken ihm die Beine weg. Ich versuche, mit Traubenzucker und Vitaminen zu helfen und ihn mit meiner Jacke etwas aufzuwärmen.

Mobiltelefone sind meistens überflüssig und häufig sogar nervtötend. In dieser Situation ist es ein Glück, dass ich eins bei mir habe. Zudem freue ich mich über den Netzempfang, denn der ist in der Tramuntana durchaus nicht flächendeckend gegeben. Ich setze die Polizei von dem Vorfall in Kenntnis und beschreibe unseren Standort. Nach einer halben Stunde treffen *guardia civil*[147], *policía local*[148] und *cruz roja*[149] ein, jeweils im eigenen Jeep. Die Polizisten diskutieren den Fall. Sie überlegen, ob es ratsam sei, einen Hubschrauber anzufordern, entschließen sich aber doch zur konservativen Methode: Erwin wird ein Seil um den Bauch gelegt, dann bugsieren wir ihn zu sechst einhundert-

---

[147] *guardia civil (span.)* – Staatspolizei
[148] *policía local (span.)* – örtliche Polizei
[149] *cruz roja (span.)* – Rotes Kreuz

fünfzig Meter bergab. Zwei Mann halten das Seil von hinten, vier stemmen sich von vorn gegen sein beträchtliches Gewicht. Unten wird er von einem Sanitäter in Empfang genommen. Der versorgt ihn und bemerkt dabei, dass er die Nacht wahrscheinlich nicht überlebt hätte. Inzwischen ist auch eine Vermisstenmeldung bei der Polizei eingegangen, die den Rücktransport erleichtert. Erwin selbst kann weder sein Hotel noch seinen Ferienort nennen.

Die Fahrzeugkolonne setzt sich in Bewegung. Ich bleibe allein zurück. Sobald sie außer Sichtweite ist, erscheint mir das Geschehene unwirklich. Die Tramuntana birgt Gefahren. Erstaunlich, dass dieser Vorfall sich im Rahmen einer Gruppenreise ereignet hat.
Die einsetzende Dämmerung erinnert mich an die Notwendigkeiten meiner eigenen Tagesplanung. Um nicht von der Dunkelheit überrascht zu werden, beschleunige ich den Schritt. Durch urwüchsige Vegetation gelange ich auf einen Sattel, der sich sanft zu den Apfelplantagen Orients hinunter senkt.

Zurück auf der Finca, erzähle ich von dem außergewöhnlichen Erlebnis. Danach werde ich zu meinem Unmut von zwei Polizisten heimgesucht, denen ich die ganze Geschichte nochmals zu Protokoll geben muss.

18. Tag: Wolkenwelt

Der kürzeste Weg von Orient nach Sóller führt über die Haupt-
kordillere. Keine fünf Kilometer Luftlinie, aber tausend Meter
in der Vertikale. Serra de Alfábia oder Ofre sind zu queren – ich
habe mir beides vorgenommen. Die Tour ist lang, und ich bre-
che zeitig auf. Die *señoras* fahren mit dem Auto.

Das Landgut von Maribell ist weitläufig. Ein großer Teil der
Bergflanke der Alfábia gehört dazu. Es dauert einige Zeit, bis
ich ihren Besitz verlasse. Dabei geht es stetig bergauf. Erst
durch Oliven, später durch Steineichen. Alte *sitjes*[150] liegen am
Weg, ab und zu ein Wirtschaftsgebäude. Nach einer Stunde
treffe ich Pedro, der den Landcruiser über die stark geneigte
Schotterpiste balanciert. Er sucht nach fehlenden Schafen. Zur
Unterstützung ist der Hirtenhund dabei, der aus dem Beifahrer-
fenster hechelt.
Dann hat auch die Piste ein Ende. Ein Pfad führt in Serpentinen
auf den Coll de`s Jou. Wolkenschwaden verdunkeln langsam
die Sonne und kommen näher. Sie steigen am Berghang auf und
werden mächtiger. Dichter Eichenwald kämmt die Feuchtigkeit
heraus. Moose und Flechten leben offensichtlich gut von derartigen Wetterlagen. Mit zunehmender Höhe wachsen sie üppiger.
Der *coll*[151] ist eine großflächige Verebnung auf etwa tausend
Meter Höhe. Hier kann man in der Regel eines der großartigsten
Gebirgspanoramen Nordmallorcas erleben. Heute jedoch verschwindet es im Nebel. Der Blick reicht gerade bis zum nächsten Fels. Nur für kurze Momente ist die Finca im Tal zu sehen.
Ein einsamer Vorposten der Zivilisation mitten im Gebirge zwischen Sóller und Orient. Manchmal tauchen im Hintergrund der
Ofre und weiter links der klobige Puig Mayor auf, um sofort
wieder im milchigen Weiß zu verschwinden. Eine raue Gebirgs-
szenerie. Vergessen die Hitze des Aufstiegs, vergessen der sonnige Blick zurück nach Orient. Wolkenwelt.

---

[150] *sitja (mall.) – Basisfläche eines ehemaligen Köhlermeilers*
[151] *coll (mall.) – Sattel, Gebirgspass*

Es ist bitterkalt. Durch Dunstschwaden und Dißgraßbüsche bahne ich mir den Weg hinab. Kurz vor der Finca Ofre fällt eine Helligkeit auf, die sonderbarerweise von links unten in das Tal eindringt. Der Lichtkanal ist die Schlucht des Barranc. Der *torrente*[152] öffnet sich hier zum Tal von Sóller. Unten scheint das Wetter gut zu sein. Da die Wolken in der Schlucht weniger tief hängen, wird die Sonnenstrahlung bis hierher reflektiert.

Ich verfolge das eigenartige Lichtspiel für eine Weile. Am Barranc verläuft der alte Pilgerpfad von Biniaraix nach Lluc. Heute eine stark frequentierte Wanderstrecke. Mehrfach werde ich nach dem Weg gefragt, denn das Tor der Finca ist versperrt. Man wird im großen Bogen herumgeleitet. Das führt zu Konfusion, da die Wegbeschreibungen zumindest der älteren Wanderführer nicht mehr stimmen.

Mit eintretender Wetterbesserung entschließe ich mich, zum Gipfel aufzubrechen. Der Ofre ist eintausendeinhundert Meter hoch, und ich bin bereits auf sechshundert abgestiegen. Trampelpfade kürzen den Fahrweg ab. Der Berg zeichnet sich durch eine merkwürdige Physiognomie aus: Von Süden spitzer Kegel, nach Norden abgeflacht. Eine natürliche Rampe ermöglicht einen vergleichsweise einfachen Zugang.

Die Wolken lösen sich auf. Werden zu einzelnen Schwaden, die langsam die Aussicht wieder frei geben. Bald wird die *huerta*[153] sichtbar, von Biniaraix bis zum Hafen. Auf der anderen Seite erscheint das monumentale Felstor zwischen Soucadena (817m) und Puig de Alaró (822 m). Die steil aufragenden Gesteinsformationen lassen in ihrer Mitte einen natürlichen Zugang zum Tal von Orient. Im Westen grüßen die Sendemasten der Serra de Alfábia und zwischen den Gipfeln des Nordostens schimmern blaugrünlich die Stauseen Cúber und Gorg Blau.

Für den Abstieg wähle ich einen anderen Weg. Ein Pfad führt zunächst steil abwärts in Richtung Orient, ein Fahrweg wieder zurück auf die andere Seite. Von der Finca Ofre aus geht es über die unzähligen Stufen des Pilgerpfades durch den Torrente

---

[152] *torrente (span.)* – Sturzbach, periodisch Wasser führend
[153] *huerta (span.)* – große Gartenanlage (vorwiegend Gemüse- und Obstanbau)

des Barranc. Er hat bizarre Formen in den Fels geschnitten. Die Schlucht öffnet und verzweigt sich, bildet Kessel aus, um danach wieder eng zuzulaufen. Sie gibt Blicke ins Tal frei, um sie im nächsten Moment jäh durch einen weiteren Fels zu verstellen. Das Gestein schimmert in den unterschiedlichsten Farben. Man sieht deutlich die Austrittsstellen des Wassers im karstigen Kalk. Von diesen ausgehend ziehen sich Bahnen den Fels entlang, auf denen das herabrinnende Wasser seine Lösungsfracht verloren hat. Eisen leuchtet von rostig gelb bis rostrot. Weißliche Streifen von Kalk bilden rippenförmige Säulen an der Felswand. An Überhängen sehe ich Stalaktiten und Stalagmiten aufeinander zu wachsen, und schwarze Moose bevölkern besonders feuchte Stellen.

Der Weg erfordert Aufmerksamkeit: Wiederholt führt er an Abgründe. Unebene, teils glatte Steine verlangen einen sicheren Tritt. Die endlosen Treppen aber lassen in einen rhythmischen Trott verfallen, der gegen Ende sogar den Blick für das spektakuläre Naturschauspiel trübt. Als ich Biniaraix erreiche, spüre ich die Knie. Aber was für ein „Empfang". Die Huerta de Sóller entschädigt für jegliche Entbehrung, mit Abendsonne, Blütenpracht und Orangenduft. Für mich die schönste Art hier anzukommen. Biniaraix ist ein verträumtes Dorf – ein Waschhaus, ein Kirchlein, ein Laden und eine kleine Bodega. Selbstverständlich trinkt man hier *zumo de naranja natural*[154].

Im Hof ist bereits der Tisch gedeckt. Litho füllt die Wassergläser. Teresa ruft aus der Küche, fragt nach meinem Tag und hält mir die Suppenkelle vor die Nase. „*¿Falta un poco de sal?*"[155], will sie wissen. Obwohl ich bejahe, vertraut sie lieber ihrer Freundin Rosita, die sich dagegen entscheidet. Klar verteilte Küchenkompetenz. Rosita hat das Sagen und fängt an, den *trampó*[156] anzurichten. Sie ist von zierlicher Gestalt und bewegt sich sehr langsam. „Arthritis", sagt sie und deutet auf ihre gekrümmten Finger.

---

[154] *zumo de naranja natural (span.) – frisch gepresster Orangensaft*
[155] *¿Falta un poco de sal? (span.) – Fehlt ein wenig Salz?*
[156] *trampó (mall.) – typischer mallorquinischer Sommersalat*

Als ich mich umgezogen habe, sitzen die anderen schon am Tisch. Ich begrüße Andrés, Teresas Sohn, und die Kinder. Andresito, der achtjährige Enkel, macht ein sehr ernstes Gesicht, als ich ihn nach seinem Appetit frage. *„Hombre*, ich bin Spanier! Normalerweise essen wir viel später", antwortet er.

Während wir vom *trampó* zum *arros brut*[157] übergehen, verschwindet das Gebirgspanorama für heute im Dunkel der Nacht. Trotzdem bleibt es warm, und ein leichter Wind bewegt die Palmenblätter.

Mallorca hat sich sehr verändert, da sind alle einig. Wegen des ausgeprägten Tourismus schneller noch als das übrige Spanien, das sich seit Francos Tod ohnehin in rasantem Wandel befindet. Teresa erinnert sich an den Tag vor ihrer Hochzeit. Obwohl nur noch wenige Stunden fehlten und die Geschenke schon im Salon hergerichtet waren, durfte sie sich nicht mit ihrem zukünftigen Gatten allein in einem Raum aufhalten. Gemeinsam ausgehen war vor der Heirat unmöglich. Es gab einen strengen Verhaltenskodex, und es gab Zensur. Um den Skandalfilm „Der letzte Tango" zu sehen, sind die Freundinnen damals extra nach Perpignan ins liberale Frankreich gefahren.

Heute ist alles anders. Die Jugend hat alle Freiheiten der Welt. Enkelin Maria Teresa musste nur überlegen, wo sie studieren wollte, nicht wie. Vieles habe sich zum Besseren gewandelt, die Insel allerdings habe dafür ihren Preis zahlen müssen. In vielen Bereichen, vor allem an der Küste, fühlen sich die Mallorquiner nicht mehr zu Hause. Frühe Bausünden verschandeln die Strände, vermögende Deutsche treiben die Grundstückspreise in die Höhe, und jetzt fangen die Ausländer auch noch an, Tourismus *por su cuenta*[158] zu betreiben. Den Insulanern bleibt nur die Offensive. Und so baut Andrés nach langer Überlegung nun doch seine Finca zur Nobelherberge um.

Los alemanes[159] – ein ewiges Thema bei den Mallorquinern, das spüre ich immer wieder. Sie werden gehasst, bewundert, aber auch bemitleidet. Gehasst für Ihre Arroganz, bewundert für Ge-

---

[157] *arros brut (mall.)* – mallorquinische Reissuppe; lässt sich übersetzen mit „dreckiger Reis"; wie „paella" ein Resteessen, aber flüssiger
[158] *por su cuenta (span.)* – auf eigene Rechnung
[159] *los alemanes (span.)* – die Deutschen

schäftssinn und Organisationstalent und bemitleidet, weil sie oft hölzern und verkrampft wirken. Klischees, aber häufig treffen sie zu. Ich vergegenwärtige mir einen Durchschnittssommer in Hamburg und ergehe mich in naturdeterministischen Erklärungsversuchen. „Wer seiner Umwelt die Lebensbedingungen erst abtrotzen, wer Heizungen einbauen und Fenster isolieren muss, dem gehen wahrscheinlich Spontaneität und Temperament verloren", höre ich mich sagen, mich selbst überprüfend. Teresa bemerkt das und bescheinigt mir unter allgemeiner Zustimmung einen *carácter mallorquín*[160]. Schon schmeichelhaft.

---

[160] *carácter mallorquín (span.)* – „mallorquinischer Charakter"

19. Tag: Welten Ende

Mallorcas Hochgebirge erstreckt sich zwischen Sóller und Pol-
lença. Der Norden – die schroffsten Felsen, die höchsten Berge,
die ergiebigsten Niederschläge. Die Gebirgsstraße führt in geschwungenen Serpentinen durch vierzig Kilometer abgelegene
Idylle. Vorbei an den Gipfeln des Puig Mayor (1 443 m), der
Massanella (1 352 m) und des Tomir (1 103 m). Vorbei an den
Stauseen Cúber und Gorg Blau. Vorbei am Kloster Lluc, das als
Wallfahrtsort und Touristenattraktion die einzige Stätte von
„Betriebsamkeit" in diesem Teil der Tramuntana darstellt. Doch
ich greife vor: Während die C 710 den verebneten Zentralbe-
reich des Gebirges nutzt, wähle ich den Weg an der Küste.

Fornalutx begrenzt den Siedlungsraum der Huerta de Sóller
nach Norden. Das Dorf schmiegt sich malerisch in den Hang.
Von Biniaraix kommend, hat man den besten Blick, wenn man
dort hinter dem Waschhaus der kleinen Straße durch die Olivenhaine folgt.
Fornalutx hat diverse Auszeichnungen für sein Ortsbild erhalten. Ein „schönstes Dorf Spaniens" hat Erwartungen zu erfüllen,
dessen scheint man sich bewusst. Bauliche Durchgestaltung bis
ins Kleinste, vollendete Sauberkeit und perfekte Blumenarrangements geben davon Zeugnis. Ohne Frage ist der kleine Kirch-
platz im Zentrum ein Kleinod. Schmale Gassen, ockerfarbene
Fassaden und üppig bepflanzte *patios*[161] runden das Bild ab.
Makellos. Kürzlich wurde sogar der Carrer General Franco –
vormals für viele Besucher Stein des Anstoßes – umbenannt.
Aber das ist es eben: Es gibt nichts, was die Harmonie in Frage
stellt, nichts, was das Auge reizt. Ich vergleiche Fornalutx gern
mit dem benachbarten Biniaraix, das mir ehrlicher und weniger
kulissenhaft vorkommt.

Als Statist der täglichen Ortsbildinszenierung rühre ich in meinem Kaffee, während die ersten heftigen Windböen über die
plaza wirbeln. Eine Wetteränderung kündigt sich an. Doch vorerst bleibt der Himmel trügerisch blau, und ich setze den Weg

---

[161] patio (span.) – Innenhof

fort. Eine Treppe führt aus dem Ort heraus und mündet auf die Zubringerstraße. Auf der anderen Seite geht es durch Johannisbrotpflanzungen weiter bergauf. Die Bäume verbreiten schon kurz nach der Reife einen vergorenen, leicht muffigen Geruch. Ihre Früchte, lange braune Schoten, schmecken süßlich und haben extrem harte Kerne. Diese tragen die altgriechische Bezeichnung *kerátion* und zeichnen sich durch die Besonderheit eines exakt einheitlichen Gewichts aus. Eine Eigenschaft, die man früher für das Abwiegen von Gold und Edelsteinen nutzte. Bis heute wird der Goldgehalt einer Legierung in „Karat" angegeben. Die Schoten werden als Tierfutter oder Verdickungsmittel genutzt. Grundnahrungsmittel war Johannisbrot nur in schlechten Zeiten.

Die Baumkulturen werden ungepflegter. Zunächst noch gut zu erkennen, verliert sich der Weg im Unterwuchs. Ich quere einen *torrente*[162], kämpfe mich durch Dornengestrüpp, erklettere eine überwucherte Terrasse nach der anderen. Schließlich finde ich einen „Wegweiser" – einen ausgemusterten Seat 650, den sein Besitzer hier lieblos entsorgt hat.

Plötzlich geht alles sehr schnell. Ein markerschütternder Donnerschlag entlädt sich über mir. Im nächsten Moment gießt es wie aus Kübeln. Dicke, schwere Tropfen prasseln herab. Ich bin sofort bis auf die Haut durchnässt. Zehn Minuten später reißt die Wolkendecke wieder auf, und der Himmel tut, als sei nichts gewesen. Die Sonne betreibt Wiedergutmachung. Augenblicklich setzt Verdunstung ein. Aufsteigende Nebelschwaden. Gestein und Vegetation trocknen sofort. Ich brauche etwas länger. Als ich nach einer halben Stunde am Miradór de ses barques ankomme, werde ich nur noch durch die nassen Stiefel an das meteorologische Zwischenspiel erinnert. Am *miradór*[163] gibt es ein Ausflugslokal mit Panoramablick in Richtung Port de Sóller. Auf der Sonnenterrasse lasse ich mein Gepäck trocknen und wärme mich selbst mit *sopes mallorquines*[164].

---

[162] *torrente* (span.) – Sturzbach, periodisch Wasser führend
[163] *miradór* (span.) – Aussichtspunkt
[164] *sopes mallorquines* (mall.) – mallorquinischer Eintopf; früheres Arme-Leute-Gericht; enthält auf einer Brotlage (sopes) vor allem Kohl, Mangold und weiteres Gemüse; wird im Tongefäß serviert

Das Tal von Balitx liegt direkt neben dem von Sóller, doch der Unterschied zwischen beiden könnte größer kaum sein. Während auf der einen Seite städtisches Leben pulsiert, verharrt die andere in agrarischen Strukturen, die seit Jahrhunderten kaum Veränderung erfahren haben. Es gibt drei Gehöfte, die kilometerweit auseinander liegen.

Auf halbem Weg hinab liegt Balitx d`es Mig. Die Finca gibt ein trauriges Bild ab. Verwitterte Mauern und eingefallene Dächer zeugen von lange währender Verödung. Allerdings ermöglicht das fehlende Dach Einsichten in die Funktionsprinzipien der alten *tafona*[165], früher Bestandteil einer jeden größeren Finca. Deutlich sind Mühlstein und Antriebsbalken zu sehen. Hier wurde der Esel angeschirrt, um tagein tagaus seine Runden zu drehen. Über ein Zahnradgestänge ist die Antriebseinheit mit der eigentlichen Presse verbunden. Mit Hilfe von Filtermatten und heißem Wasser wurden die vorher zermahlenen Oliven gepresst. In einem aufwendigen Verfahren trennte man anschließend Wasser und Öl voneinander. Heute gibt es kaum noch Hofpressung – mallorquinisches Olivenöl wird in nur wenigen Großanlagen hergestellt.

Der Blick in den Talgrund öffnet sich nach der nächsten Wegbiegung. Versteckt hinter verwilderten Baumkulturen zeigt sich der intensiv bewirtschaftete Bereich von Balitx d`Avall. Das satte Grün der Orangen hebt sich vom silbrigen Oliv der Ölbäume ab. In der Mitte liegt die Finca. Festungsähnlich um den alten Wehrturm gebaut, beherrscht sie das Tal. Auch akustisch. Bis hierher ist das stetige Brummen des Dieselgenerators zu vernehmen.

Nach Balitx d`Avall führt keine Straße. Eine holprige Trasse verläuft am Fuß des Puig Mayor, dessen Radaranlagen hier und da hinter zerklüfteten Felswänden hervorlugen. Die Fahrt mit dem Pkw ist beschwerlich und kaum kürzer als der Fußweg. Dementsprechend fährt Guillermo Land Rover und rümpft die Nase über kleinere Autos, die sich in einer solchen Umgebung ausnehmen wie Spielzeug.

---

[165] *tafona (mall.) – Ölmühle*

Zusammen mit seiner Frau Maria hat er es sich zur Lebensaufgabe gemacht, dieses urtümliche Anwesen zu unterhalten. Sie betreiben Landwirtschaft und haben das Haus mit viel Arbeit und Idealismus modernisiert. Heute ist es ein beliebtes Ausflugsziel. All das in einer Gegend, die mehr verlangt als bloße Arbeitskraft. Es gibt weder Strom- noch Telefonleitungen. Die Zeit scheint stehen geblieben.

Seit einigen Jahren haben sie den *agroturismo*[166] an ihre Kinder Miquel und Antonia übergeben, denn an Wochenenden kommen Scharen von *excursionistas*[167]. Ihnen bleibt die Bewirtschaftung des Bodens. „Ruhestand" wird für sie ein Fremdwort bleiben.

Am Tor schlägt mir Hundegebell und der Geruch von zwei stattlichen Ziegenböcken entgegen. Guillermo grüßt von einem museumsreifen Traktor. *„Me voy a coger naranjas"*,[168] ruft er, ohne die Zigarre aus dem Mund zu nehmen. Schaukelnd verlässt er mit dem altersschwachen Gefährt den Hof.

Die Eingangshalle des Hauses hat kulturhistorischen Charme. Unebener Natursteinboden. Landwirtschaftliche Geräte aus zurückliegenden Jahrhunderten an weiß gekalkten Wänden. Eine Vielzahl von Gängen, Treppen und Türen lässt den Gebäudezusammenhang im Unklaren. Es gibt einen kleinen Tresen, an dem eigene Erzeugnisse und natürlich frisch gepresster Saft verkauft werden.

Maria sitzt bei Antonia im Speisesaal. Sie erholen sich von der fünfundvierzigköpfigen Gruppe, die soeben aufgebrochen ist. Eine Jeepsafari. Es gab *cabrito*[169], die Spezialität des Hauses: Ziegenfleisch, geschmort mit Gemüse, viel Knoblauch und Kräutern. Zusammen mit Röstkartoffeln und Salat eine deftige Delikatesse. Für viele Mallorquiner der wahre Grund, einen Ausflug nach Balitx zu unternehmen.

Ich esse zusammen mit Miquel, der zementverschmiert hereingekommen ist. Auf der Finca wird ständig gebaut. Sie ist wie ein kleines Dorf. Gerade wurde die Küche neu eingerichtet und

---

[166] agroturismo (span.) – sinngemäß: Ferien auf dem Bauernhof
[167] excursionistas (span.) – Ausflügler
[168] Me voy a coger naranjas (span.) – Ich gehe Orangen pflücken
[169] cabrito (span.) – Zicklein (von la cabra – die Ziege)

der Gartenbereich umgestaltet. Doch Veränderung ist nicht einfach, die baulichen Auflagen in der Tramuntana sind strikt. Neue Gebäudeteile werden nur genehmigt, wenn man alte dafür abreißt. Das steht mancher Idee zur weiteren Professionalisierung des Übernachtungsbetriebs im Wege, aber Antonia ist zuversichtlich: „Inzwischen sind wir ein Begriff im *agroturismo.*" Für die nähere Zukunft denkt sie an Pferdehaltung. Es wird immer viel zu tun geben. „*Pero me hace contenta*",[170] lächelt sie erschöpft.

Mein Zimmer ist mit alten Bauernmöbeln eingerichtet und bietet den Luxus eines komfortablen Bades. Ein winziges Fenster zeigt zum Innenhof, und die mächtige Bettstatt wird von einem Jesusbildnis behütet.
Ich nehme mein Weinglas mit in die beginnende Nacht. Gegenüber der Finca setze ich mich auf einen Felsen und genieße den Blick auf die meerseitige Bergkette. In der Garage verstummt der Dieselgenerator. Hinter der Einkerbung des Torrente de na Mora hört man das Rauschen der Meeresbrandung. Auf dem höchsten Punkt leuchtet die Torre de sa Seca in der letzten Abendsonne. Rechts daneben deutet der Sattel des Coll de Biniamar meinen weiteren Weg an. Über den klaren abendblauen Himmel ziehen einzelne weißlich graue Wolken. Im Dämmerlicht werden eine Palme und zwei Zypressen langsam zu Schattenrissen. Ein alter Jeep verliert seine Konturen. Entfernt sind Schafsglocken und das einsame Bellen eines Hundes zu hören, als ich den lautlosen Flügelschlag der ersten Fledermäuse spüre.

---

[170] *Pero me hace contenta (span.) – Aber es macht mich zufrieden.*

20. Tag: Drei Buchten

Um Punkt acht springt der Generator wieder an und beendet die Nachtruhe endgültig. Die vorher einsetzende Betriebsamkeit im Haus konnte ich noch in meine Träume einbinden.

Ich verabschiede mich von meinen Gastgebern und beginne den Aufstieg zum Turm. Eine steinige, steile Trasse führt zum Coll de Biniamar, seit kurzer Zeit ergänzt durch einen ausgeschilderten Wanderweg. Dahinter beginnt die entrückte Küstenlandschaft von Sa Costera. Kurz vor dem Scheitelpunkt des Sattels biege ich links ab und folge dem Fahrweg bis ans Ende. Von dem kleinen Wendeplatz aus sind es noch zweihundert Höhenmeter durch die Macchia.

Die Torre de sa Seca gehört zu den Verteidigungsanlagen des 16. Jahrhunderts und steht in Sichtverbindung zu den benachbarten *atalayas*[171]. Das Panorama ist einmalig: der Puig Mayor zum Greifen nahe, tief unten auf der einen Seite Balitx d`Avall, auf der anderen Seite das Meer. Die gesamte Tramuntanaküste ist einsehbar: Im Südwesten erkennt man die Physiognomie Dragoneras, im Nordosten reicht der Blick fast bis Formentor. Ich sitze am Fuß des Turms auf einem Felsplateau, verfolge das Vorrücken der Sonne, beobachte das Spiel der Wellen und spüre den wärmer werdenden Wind. Unter mir, auf halber Höhe, trotzt ein kleines Steinhaus den Natureinflüssen. Auch eine Terrassierung des Hangs ist zu erkennen. Belebt sieht dieser Außenposten der Zivilisation allerdings nicht mehr aus.

Ein kurzer Schattenwurf vom wolkenlosen Himmel lenkt meine Aufmerksamkeit auf die andere Seite. In geringer Entfernung kreist eine Gruppe riesiger Vögel über dem Tal. Ich identifiziere sie anhand der charakteristischen Halskrausen als Mönchsgeier. Sie werden einen Meter groß und haben eine Spannweite von bis zu drei Metern. Diese größten auf Mallorca heimischen Greifvögel sind inzwischen selten und stehen unter Naturschutz. Von ihren Bewegungen geht Erhabenheit aus, ihre bloße Erscheinung ist Respekt einflößend. Lautlos und elegant gleiten die gewaltigen Schattenrisse durch die Luft, nutzen effizient

---

[171] atalaya (span.) – Wachturm; vgl. Tag 7: Wilder Westen

vertikale Luftbewegungen und steigen ohne einen einzigen Flügelschlag in enorme Höhen auf.

Dies ist einer der Orte, an dem man das Gefühl für die Zeit verliert. Auf eigentümliche Art fühle ich mich der Tramuntana zugetan. Die umliegenden Gipfel sind gute alte Bekannte. Vielleicht ist es die räumliche Begrenztheit des Gebirges, die dieses vertraute Gefühl erzeugt. Vielleicht auch die insulare Abgeschlossenheit. Einschränkung von Bewegungsfreiheit bedeutet auf der anderen Seite überschaubare Ganzheit. Hier sehe ich mich auf das menschliche Maß zurückgenommen. Permanente Reizüberflutung, alltägliche Hektik und Katastrophenmeldungen sind fern. Mein Leben reduziert sich auf diesen Turm, auf die Sonne, auf das Meer und auf den Weg, den ich vor mir habe.

Der Coll de Biniamar führt endgültig heraus aus dem Balitxtal. Die prächtige Bucht von Sa Costera öffnet sich an der ersten Wegbiegung. Noch liegt Schatten über ihr. Der Weg senkt sich und wird schmaler. Etwa hangparallel und zweihundert Meter über dem Meer folgt er der Küstenlinie. Es eröffnen sich atemberaubende Aussichten: links neigt die buschige Macchia ihre vielfarbige Blütenpracht in steilen Winkel bis ans türkisblaue Wasser. Rechts türmen sich mächtige, zerklüftete Felswände. Der Verlauf des Pfades birgt eine besondere Dramaturgie. Er ermöglicht dem Betrachter immer neue Blickwinkel, führt ihm unterschiedliche Lichtverhältnisse vor und macht ihn nach und nach auf versteckte Details aufmerksam. Das vollständige Naturschauspiel wird erst aus der Summe einzelner Szenen ersichtlich.
Weit und breit ist kein Mensch zu sehen. Ich habe Vorsprung vor denjenigen, die den Weg in Sóller oder am Miradór de ses Barques begonnen haben. Stille und Einsamkeit werden nur kurz unterbrochen von einem Ausflugsdampfer, der seinen Passagieren einen Blick auf diesen entlegenen Küstenstreifen gönnt. Hin und wieder treffe ich auf Ziegen, die neugierig ihre Köpfe aus der Macchia recken. Sobald sie sich entdeckt fühlen, tauchen sie schnell wieder ab. Es bleibt ein leises Knacken im

Unterholz, geheimnisvolles Geraschel, ab und zu entferntes Gemecker.

Cala Tuent – eine Bucht, die schlecht zu erreichen ist. Zwar führt eine Straße her, doch sind von jedem Ort der Insel einige Stunden für den Weg einzuplanen. Denn es sind zunächst das Gebirge und dann die aberwitzigen Serpentinen von Sa Calobra zu bewältigen.

Wegen dieser Abgelegenheit ist Tuent eigentlich kein Ort. Eher eine lockere Ansammlung von Häusern, die sich im großen Bogen um einen kleinen Strand gruppieren. Nur in der Saison hat das Restaurant geöffnet, dessen herrlich gelegene Außenterrasse zu ausgedehntem Aufenthalt lädt. Im Es Verger befindet sich zudem das einzige öffentliche Telefon. Sonst gibt es nichts – kein Taxi, keinen Bus, kein Geschäft, keinen Kiosk, bis vor kurzem nicht einmal ein Netz für das Mobiltelefon. Wenn man auf dieses „Nichts" vorbereitet ist, kann es ein wunderbares Erlebnis sein. Wenn man davon überrascht wird, kann es passieren, dass man ungewollt die Nacht im Freien verbringen muss.

Der Weg von La Costera führt direkt zum Restaurant, wo ich eine ausgezeichnete *merluza*[172] zu mir nehme. Danach genieße ich das Nichtstun am Strand. Kräftige Sonne und kristallklares Wasser. Schwimmt man weiter hinaus, lassen sich die Radaranlagen auf dem Gipfel des Puig Mayor erkennen. Auf merkwürdige Weise sind sie stets präsent. Militärstrategisch wahrscheinlich eine vorzügliche Standortwahl.

Es ist kaum Betrieb. Einige Wanderer, wenige Ausflügler. Als ich aus dem Wasser komme, ist der Strand fast leer. Die Sonne steht tief. Ich frage den letzten verbliebenen Autofahrer, ob er mich ein Stück mitnehmen kann. Der freundliche ältere Herr hält mir die Tür auf. Er hatte sich schon gefragt, wie ich hier wegkommen wolle. Wir kämpfen uns in seinem alten Renault 4 den Hang hinauf. Das Unterfangen wird wesentlich dadurch erschwert, dass die Kupplung des Gefährts nicht richtig greift. Viel Gas geht ins Leere. Als wir trotz dieses Handicaps die erste Bergkuppe erreichen, schimmert die Bucht goldfarben in der

---

[172] *merluza (span.) – Seehecht*

Abendsonne. Abschiedsszene. Ich lasse mich am Abzweig nach Sa Calobra absetzen und wünsche Fahrer und Vehikel, dass sie die siebenhundert vor ihnen liegenden Höhenmeter überstehen mögen.

Sa Calobra ist die direkt benachbarte Bucht. Ähnlich abgelegen und nur zweieinhalb Kilometer Luftlinie entfernt, bietet sie ein konträres Bild: Auf der Straße begegnet mir ein Reisebus nach dem anderen, am Ortseingang sind gebührenpflichtige Parkplätze ausgeschildert, und der „Ort" besteht aus einer Reihe von Restaurationsbetrieben. Es gibt öffentliche Fernsprecher und Geldautomaten. All dies, weil hier der Torrente de Pareís mündet. Die zweitgrößte Schlucht Europas ist ein Touristenmagnet. Täglich fallen Massen von Menschen ein, um einen Blick auf die steilen Felsformationen zu werfen oder im wildromantischen Mündungsbereich zu baden. Sie kommen vornehmlich per Bus oder Boot. Ein Ausflug nach Sa Calobra scheint im Programm eines jeden Reiseveranstalters enthalten zu sein.

Eine Postkarte aus den Vierzigerjahren zeigt die Bucht noch als Fischersiedlung. Fünf Häuser, nur mit dem Schiff von Port de Sóller aus zu erreichen. Ein Jahrzehnt später begann man mit der touristischen Erschließung. Infrastrukturelle Grundlage war ein ehrgeiziges Projekt des Ingenieurs Antonio Parietti. Er realisierte über eine waghalsige Trassenführung die Anbindung an das mallorquinische Straßennetz. Unzählige Serpentinen überwinden seitdem einen Höhenunterschied von fast achthundert Metern und gipfeln im *nus de sa corbata*[173], wo sich die Straße in einer finalen Schleife selbst überführt. Parietti war kein Freund von schroffen Kurven. Er baute organisch. In weichen Linien schmiegt sich die Straße in den Fels, das natürliche Gefälle nutzend. Abgetragenes Material wurde an Ort und Stelle zur Unterfütterung verbaut. Die Trasse braucht zwölf Kilometer für eine Entfernung von vier. Der Bergwelt kommt das zugute. Heute ist die Route für alle landseitig Anreisenden fester Bestandteil des „Abenteuers Sa Calobra". Das aktuelle Verkehrs-

---

[173] *nus de sa corbata (mall.) – Krawattenknoten*

aufkommen auf „seiner" Straße würde wahrscheinlich selbst den Erbauer Parietti in Erstaunen setzen.

Bei den Besuchern handelt es sich um Tagesgäste. Spätestens nach achtzehn Uhr verschwinden sie so schnell, wie sie mittags gekommen sind. Wegen der späten Stunde treffe ich lediglich auf wenige Spaziergänger. Die Lokale sind geschlossen, das Geschäft für heute ist gelaufen. Am Ende der Uferpromenade führt ein gut ausgebauter Weg durch zwei schmale Tunnel in den *torrente*[174]. Man gelangt in den kesselhaft verbreiterten Mündungsbereich. Die klammartige Schlucht beginnt erst einige hundert Meter landeinwärts. Vor mir liegt eine große ebene Fläche, meerseitig durch ein enges Felstor abgeschlossen. Ein kleiner kiesiger Strand trennt vereinzelte Brackwasserreste vom Meer. Während die letzten Gäste sich auf den Weg machen, rolle ich meinen Schlafsack aus und verfolge den Sonnenuntergang, bis mich das Rauschen der Brandung in den Schlaf begleitet.

---

[174] *torrente (span.) – Sturzbach, periodisch Wasser führend*

LLUC

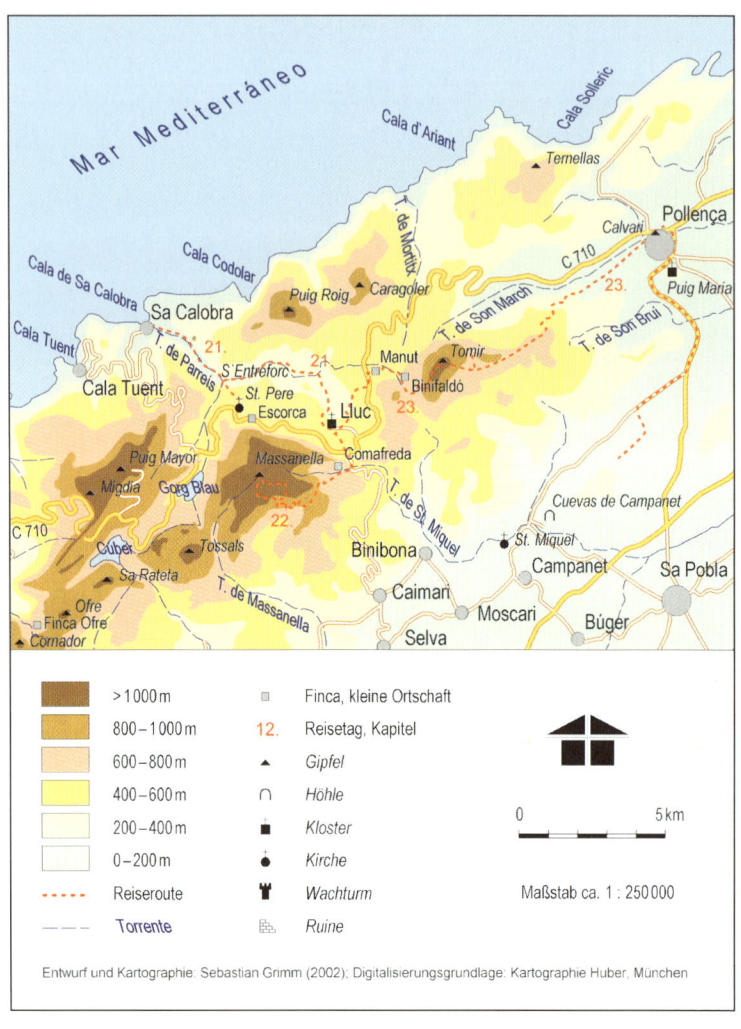

S. 120 und 121: Cúber (vorn) und Gorg Blau, Puig Mayor (links) und Massanella

21. Tag: Schluchtgedanken

Die Nacht endet früh. In Sa Calobra scheinen alle Möwen Mallorcas morgens verabredet zu sein. Sie verbreiten unerträgliches Gekreisch. Ich ziehe mir den Schlafsack über die Ohren, doch es hilft nichts. An Schlaf ist nicht mehr zu denken. Ich bin wach und finde mich damit ab. Fünf Uhr morgens. Es kostet Überwindung, aber einige Schwimmzüge vertreiben die Müdigkeit.

Die Cafés an der Promenade öffnen später. Kein Mensch ist zu sehen. Am Anleger sitzend beobachte ich, wie dem neuen Tag Leben eingehaucht wird. Das Wetter wird schön, der wolkenlose Himmel mit jeder Minute blauer. Kein Windstoß ist zu spüren, die Bucht liegt spiegelglatt vor mir. Ein Melodiefetzen von Otis Redding geht mir durch den Kopf. „Watching the time roll away ...",[175] summe ich, als die ersten *camareros*[176] ihre Vorbereitungen treffen.

Auch die Wetterprognose im Diario de Mallorca[177] ist erfreulich. Ein stabiles Hochdruckgebiet lässt keine Störungen zu. Bei unsicheren Großwetterlagen sollte man den Torrente de Parreís meiden. Bei guten Bedingungen ist die Tour anspruchsvoll, bei Regen schlicht lebensgefährlich. Häufige, auch tödliche Unfälle belegen, dass entsprechende Warnungen ernst zu nehmen sind. Davon abgesehen sollte man niemals allein hineinsteigen. Wer in der schwer zugänglichen Schlucht verunglückt, kann auf Hilfe lange warten.

Frank kommt mit dem Taxi aus Lluc. Dort hat er das Auto abgestellt. Er wohnt auf der anderen Seite der Tramuntana, in der Nähe von Inca. Zwei Stunden hat er für den Weg gebraucht. Doch das frühe Aufstehen hat sich gelohnt. Als wir aufbrechen, ist Sa Calobra noch immer nicht vollständig erwacht. Wir sind die Ersten im *torrente*.

Ich kannte Frank schon vor seiner Zeit auf Mallorca. Inzwischen lebt er seit Jahren hier. Er plant und koordiniert das Veranstaltungsangebot für einen Spezialreiseveranstalter. Nur gelegentlich leitet er selbst noch Touren. Aber er kennt jeden Win-

---

[175] aus Otis Redding (1967) – (Sitting on) the dock of the bay
[176] camarero (span.) – Kellner
[177] Diario de Mallorca – regionale Tageszeitung

kel. Den Torrente de Parreís durchquert er jedes Jahr mindestens einmal. Wie Paco Ponce, der „mallorquinische Wanderpapst".[178]

Hat man den breiten Eingangstrichter verlassen, rücken die Seitenwände zusehends zusammen. Nach einem Kilometer erheben sich dreihundert Meter Fels zu beiden Seiten der nur wenige Meter breiten Schneise. Spärliche Vegetationsreste bevölkern den steinigen Boden, einige Spezialisten haben sich in Nischen der nackten Wände angesiedelt. Der Blick nach oben zeigt das Blau des Himmels zum Schlitz verengt. Sonnenlicht gelangt nur an wenigen Stellen bis auf den Grund. Es herrscht angenehme Kühle.

Die Beschaffenheit des Bodens verlangt Aufmerksamkeit. Kiesige Flächen werden abgelöst durch festen Untergrund. Jegliches Gestein ist von der Gewalt der periodisch herabstürzenden Wassermassen rundgewaschen und bietet den Stiefeln wenig Halt. Eingelagert finden sich Erosionswannen, in denen das Wasser der letzten Niederschläge steht. Die meisten lassen sich umgehen, einmal müssen wir hindurch. Dann wieder ist ein riesiger Felsklotz zu überwinden, der den *torrente* blockiert. Weitere problematische Stellen wurden durch in den Stein gehauene Stufen und Haltegriffe entschärft. Gelegentlich leistet eine Markierung Hilfestellung beim Überwinden von Geröll.

Gegen Mittag steht die Sonne senkrecht und entfaltet ihre ganze Kraft. Die Luft flimmert im Canyon. Es herrscht Stille, besondere Stille. Eine, die das periodisch wiederkehrende Getöse der Naturgewalten in sich birgt. Kaum vorstellbar, dass ein derart ruhiges Tal bei Regen von meerwärts stürzenden Wassermassen erfüllt ist. Doch die Schleifspuren hoch an den Felswänden belehren eines Besseren.

In den Bergen von Lluc ist die jährliche Niederschlagsmenge doppelt so hoch wie die an der deutschen Nordseeküste. Die Klimadaten Palmas – das „Mallorcawetter" – sind nicht repräsentativ für die Serra Tramuntana. Die Temperatur nimmt mit

---

[178] vgl. Paco Ponce: „Mallorca – Rund um Sóller"; Ponce bezeichnet die Tour durch den Torrente de Parreis als die „Krönung aller Wanderungen".

der Höhe ab, auf der Wetterseite kommt es zu Steigungsregen. Nicht häufig, dafür heftig. Mit ungeheurer Intensität verwandeln sie die bis dahin trockenen *torrentes* in reißende Sturzbäche. Allein mit der erodierenden Wirkung derartiger Wassermassen ist die Entstehung des Schluchtensystems zu erklären. Auch das gehört zur „Sonneninsel Mallorca".

Die Schlucht wird breiter und öffnet sich zu zwei Seiten. Wir haben S'Entreforc[179] erreicht. Hier vereinigen sich die Sturzbäche Lluc und Gorg Blau zu einem gemeinsamen Lauf. An dieser lichten Stelle haben wir den aufregendsten Teil der Strecke bereits hinter uns, aber kaum an Höhe gewonnen. Der eigentliche Aufstieg nach Lluc steht erst bevor. Die Gabelung bietet dazu Alternativen – den Weg nach Escorca und einen Abstecher in die Dunkelheit.

In Richtung Gorg Blau nämlich verengen sich nach wenigen Metern die Felswände zusehends. Die Öffnung über unseren Köpfen wird immer schmaler, bis sie sich ganz schließt. *Sa Fosca*[180] nennen die Mallorquiner diesen Ort. Kühle und Feuchtigkeit hängen in der Luft. Eine lang gestreckte Höhle bis zur Staumauer des Gorg Blau.

Ein Aufstieg nach Escorca ist kürzer, aber steiler als der Weg nach Lluc. Oben angekommen ist man allerdings noch nicht am Ziel. Lediglich auf der Gebirgsstraße zwischen Sóller und Pollença. Escorca ist die am dünnsten besiedelte Gemeinde Mallorcas. Der Siedlungsschwerpunkt – will man die Ansammlung weniger Häuser denn so bezeichnen – hat sich bereits seit Jahrhunderten zum Kloster hin verlagert. Escorca bleibt der Ruhm, Standort eines der ältesten Gotteshäuser der Insel zu sein. St. Pere wurde ca. 1240 erbaut und ist weitgehend unverändert erhalten. Unscheinbar liegt die kleine romanische Kapelle heute am Straßenrand.

Aus dem Taleinschnitt des Torrente de Lluc führt ein kleiner Weg heraus. Dichter werdende Macchia, ein verlassenes Haus, erste bewirtschaftete Höfe. Ein asphaltierter Weg verbindet sie

---

[179] entreforc (mall.) – hier: Gabelung
[180] fosca (mall.) – Dunkelheit

mit dem Kloster. Zur Linken wird das gleichmäßig geformte Massiv des Puig Roig (1 003 m) sichtbar.

„Die Ländereien am Fuß dieses Berges gehören der Familie March", erzählt Frank, „einer vermögenden und angesehenen Bankiersfamilie."[181] Der heutige Wohlstand allerdings sei auf zweifelhafte Weise zustande gekommen: Joan March war ein Draufgänger. Er lebte von 1880 bis 1962. Dass er bei einem Autounfall ums Leben kam, passt in seine Vita. Er stammte aus Sta. Margalida. Die harte Kindheit in ärmlichen Verhältnissen hat ihn offenbar nachhaltig geprägt. Skrupellose Geschäftemacherei und ausgiebiger Tabakschmuggel machten ihn zu einem der reichsten Männer der Welt. Er konnte den Niedergang des mallorquinischen Feudalsystems ebenso geschickt für Gewinn bringende Transaktionen nutzen wie die Wirren der Kriege. Durch gut organisierte Korruption ist es ihm zeitlebens gelungen, der strafrechtlichen Verfolgung zu entgehen. „Heute, vierzig Jahre nach seinem Tod", Frank kratzt sich die Stirn, „empfinden die Mallorquiner so etwas wie Verehrung für ihr ‚Finanzgenie'."

Die Atmosphäre in Lluc hat wenig Klösterliches. Besucherscharen belagern Gebäude und Vorplatz. Sie pilgern auf den Klosterberg, erstehen Andenken und bevölkern das Café. Das Monasterio de Lluc nimmt eine prominente Stellung unter den Sehenswürdigkeiten Mallorcas ein. Riesige Parkplatzflächen dokumentieren das tägliche Besucheraufkommen. Neben Tagesausflüglern gibt es solche, die länger bleiben. Eine der zentralen Einrichtungen ist das Gästehaus. Es zeichnet sich durch eine Mischung aus kommerzialisierter Klosterstimmung und Jugendherbergscharme aus. Da es sich um die einzige Übernachtungsmöglichkeit in der nördlichen Tramuntana handelt, sollte man sich vorher anmelden.

An der Rezeption werde ich ungefragt darauf hingewiesen, dass ein Frühstück nicht inbegriffen sei und dass die *blauvets*[182] in etwa einer Stunde sängen – die wohl meistgestellten Fragen der

---

[181] die „Banca March" verfügt auf Mallorca über ein weit verzweigtes Filialnetz.

[182] blauvets (mall.) – sinngemäß: „Blauhemden"; der Knabenchor von Lluc ist nach seinen blauen Gewändern benannt.

Besucher. Ich verabschiede mich von Frank und vereinbare einen Treffpunkt für die Massanella am nächsten Tag.

Die Zimmer sind einfach, aber sie zeichnen sich durch ein gut funktionierendes Heizungssystem aus. Ein ungeheurer Vorteil, sollte man unterkühlt oder gar durchnässt von einer Wanderung zurückkehren. Dieser nicht besonders übliche Standard erklärt sich aus der Höhenlage. Hier ist es immer einige Grad kälter. Besonders nachts kann es unangenehm frisch werden.
Ich nutze den Komfort für eine gründliche Restaurierung meiner äußeren Erscheinung. Dann mache ich mich auf den Weg, um auch dem Magen zu seinem Recht zu verhelfen. Auf dem Vorhof hat sich die Situation grundlegend verändert. Die Tagesgäste sind verschwunden, die Läden haben geschlossen. Angemessene Stille hat sich über das Kloster gelegt. Der einzig verbliebene Akteur ist ein Kellner, der die Terrasse des Cafés fegt.
Der „Ort" besteht aus wenigen Häusern. Es gibt keines, das nicht mit dem *monasterio*[183] zusammenhinge. Zwei, in guten Zeiten drei Restaurants profitieren von Wallfahrern und Ausflüglern. Ich entscheide mich für *lechona*[184]. Die beste gibt es bei Toni im Sa Fonda.

---

[183] *monasterio (span.) – Kloster*
[184] *lechona (span.) – Spanferkel*

22. Tag: Fast ein Superlativ

Mein Schlaf wird bewacht von der *Moreneta*[185], der „schwarzen Madonna". Ihr Bildnis ist der einzige Wandschmuck in meiner Klause. Sie ist omnipräsent. Ziel der Wallfahrer, Symbol der inneren Einkehr. Sie verkörpert den Geist von Lluc.

Der Sage nach hätte es das Kloster ohne sie nie gegeben: Ein Hirtenjunge[186] habe die Marienfigur in den Wäldern gefunden, so der Volksmund. Kurz nach der *reconquista*. Abgegeben beim Pfarrer von St. Pere de Escorca entwickelte sie Eigensinn, verschwand und spielte erneut Versteck mit dem Jungen. Mehrfach und immer an derselben Stelle. So lange, bis man ihr dort einen Altar errichtete.

Derartige Geschichten sind typisch. Wiederholte Fluchten oder nächtliches Leuchten – mallorquinische Marienfiguren haben ein Eigenleben und wissen ihren Willen durchzusetzen. Marienverehrung spielt eine große Rolle im täglichen Leben.

Tatsächlich fand die *Moreneta* ihren Standort in den Wäldern von Lluc noch zur Zeit Jaumes I.[187] Von Pilgern überrannt, wurde die einfache Einsiedelei bald Kloster und Priesterseminar. 1456 übernahm man die Pfarrkirchenfunktion von St. Pere, 1531 wurde der Knabenchor gegründet. Die *blauvets*[188] rühmen sich heute, der älteste Chor der Welt zu sein.

Aus der frühen Phase existieren keine baulichen Zeugnisse. Die ältesten Gebäudeteile sind die *porxets*[189] und der Brunnen vor dem Haupteingang. Sie entstammen dem späten 16. Jahrhundert. Die heutige Herberge wurde in mehreren Stufen seit der vorletzten Jahrhundertwende errichtet.

Der Bau der Basilika fiel in die Jahre 1622 bis 1691. Das sparsam gestaltete Hauptportal steht im Kontrast zum überladenen

---

[185] *moreneta – Verkleinerungsform von „la morena" – die Dunkelhäutige, Dunkelhaarige*

[186] *Der Hirtenjunge hieß Lukas, mallorquin „Lluc"; ein weiterer Ansatz der Namensdeutung ist „lucus", das lateinische Wort für Wald.*

[187] *Jaume I. – von 1213 bis 1276 König von Aragón, eroberte 1229/30 Mallorca für die reconquista*

[188] *blauvets (mall.) – sinngemäß: „Blauhemden"; der Knabenchor von Lluc ist nach seinen blau-weißen Gewändern benannt.*

[189] *Porxets (mall.) – Bezeichnung für die frühen Pilgerherbergen*

Interieur. Ein wuchtiger, goldverzierter Altar und üppige Ausmalungen überlasten den kleinen Raum. Dazu schwarzer Marmor. Dunkelheit und Tonnengewölbe sind die typischen Elemente des mallorquinischen Barock. In Lluc erstmals ergänzt durch ein Querschiff mit Vierungskuppel. Allein durch deren kleine Fenster fällt spärliches Licht auf den Altarbereich. Integriert in die barocke Ausstattung ist moderne Technik, welche die Bewältigung der täglichen Besucherströme erleichtern soll. Auf Leuchtschildern wird um Ruhe gebeten. Infosäulen stehen bereit, um per Telefonhörer Wissenswertes zur Historie zu vermitteln. Eine eigenwillige Synthese. Bemüht, aber trotzdem störend.

Ich folge einer Gruppe älterer Herrschaften in die Kapelle. Hinter dem Altar öffnet sich ein weiterer Raum, an dessen Stirnseite die *Moreneta* huldvoll aus einem Glaskasten lächelt. Sitzbänke bieten die Möglichkeit zum ausführlichen Zwiegespräch. Die meisten aber begnügen sich damit, zur Marienfigur emporzusteigen und mit einem laut scheppernden Obolus ihrem Anliegen Nachdruck zu verleihen. Lluc ist nach wie vor ein bedeutender Wallfahrtsort.
Eine besondere Form der Wallfahrt ist die alljährliche *marxa des Güel a Lluc a peu*[190]. Etwa 50 000 Menschen wandern im Hochsommer bei Nacht von Palma aus hierher. Heute ein volksfestartiges Ereignis mit Verpflegungsständen und Sanitätsposten. Begonnen hat die *marxa* jedoch als oppositionelle Institution in der Zeit des Franco-Regimes. Eine politische Demonstration, die man religiös begründete. Auf diese Weise konnten die Behörden keinen Anstoß daran nehmen.

Zehn Uhr. Die Besucherfrequenz nimmt ähnliche Ausmaße an wie abends zuvor. Ich verproviantiere mich in der kleinen *tienda*[191] vor dem Haupteingang. Dann muss ich mich beeilen, um rechtzeitig die Tankstelle an der Straße nach Inca zu erreichen. Dort beginnt Frank mit seiner Gruppe den Aufstieg auf die Massanella.

---

[190] marxa des Güel a Lluc a peu (mall.) – Fußmarsch nach Lluc, initiiert durch Toni Güel aus Palma
[191] tienda (span.) – Laden, Geschäft

Der Transferbus fährt gerade wieder ab, als ich eintreffe. Ich werde kurz vorgestellt und auf der Stelle mit achtzehn Namen konfrontiert. Die Stimmung ist gut, man scheint bereit für den Aufbruch. Dann vergeht doch noch eine halbe Stunde. Stiefel müssen geschnürt, Wanderstöcke eingestellt, Filme eingelegt werden. Einigen fehlt Wasser, andere fragen in der Tankstelle nach dem Schlüssel für die Toilette. Nichts passiert gleichzeitig. Schließlich spricht Frank ein Machtwort und gibt das Zeichen zum Aufbruch.

Bereits in dieser ersten Szene gewinne ich einen Eindruck von der Rollenverteilung. Der schüchterne Stille, der ungeduldige Sportler, die unsichere Ratsuchende und natürlich der Sprüche klopfende Clown. Alle sind sie dabei.

An der Finca Comafreda wird kassiert. Die Besteigung der Massanella kostet Geld. Seit kurzem haben einige *finqueros*[192] diese Erwerbsquelle für sich entdeckt. Sicherlich ein einträgliches Geschäft für die Grundbesitzer.

Der Karrenweg führt auf einen Sattel, an dessen Scheitelpunkt eine der seltenen Markierungen zum *puig*[193] weist. Durch waldiges Gelände geht es bergauf. Die Steigung nimmt zu, und unter den Teilnehmern werden unterschiedliche Belastbarkeiten erkennbar. Um den Überblick zu behalten, bittet mich Frank, am Ende zu bleiben. Die Gruppe zieht sich auseinander, es verstummt jedes Gespräch. Das Atmen wird schwerer, manches Gesicht bekommt frische Färbung. Handtücher und Wasserflaschen bleiben griffbereit.

Von Zeit zu Zeit erzählt Frank Geschichten. Meist gibt er Informatives zum Besten, gelegentlich flunkert er. Zur Aufmunterung. *Coto privado*[194] beispielsweise – der Hinweis auf Privatbesitz – wird bei ihm zur schillernden Lichtgestalt der Inselgesellschaft, ein Mann von ungeheurem Reichtum und Einfluss. Wenn sein Auditorium nicht von selbst drauf kommt, dann klärt er den Sachverhalt bei Gelegenheit auf. Meistens jedenfalls.

Bei tausend Meter Höhe wäre jeder andere Gipfel Mallorcas fast erreicht, zumindest wäre ein Ende des Aufstiegs in Sicht.

---

[192] finquero (span.) – Grundbesitzer, Bauer
[193] puig (mall.) – Gipfel
[194] coto privado de caza (span.) – privater Jagdgrund

Nicht so bei der Massanella. Sie gipfelt bei 1 352 Metern und markiert damit den höchsten erreichbaren Punkt. Leider hat dieses Maximum einen Makel: Es gilt nur für Zivilisten. Der Puig Mayor ist einhundert Meter höher, jedoch Sperrgebiet und nur dem Militär zugänglich.

Nach einer Gabelung folgen wir dem Weg der *nevaters*[195] über die *pla de sa neu*[196]. Winterliche Schneefälle bleiben ab achthundert Meter liegen, je nach Wetterlage bis zu einigen Wochen. Diesen Umstand nutzten die Mallorquiner bis etwa 1930 zur Eisproduktion. Sie legten auf den schattigen Wetterseiten der Berge die *cases de sa neu*[197] an, tiefe Gruben mit flachem Mauerkranz und Dach. Durch Öffnungen in der Mauer wurde der Schnee hineingeschaufelt, das Dach diente der Isolierung. In den Depots wurden einzelne, durch Graslagen getrennte Schichten eingelagert und gestampft. Abgedeckt wurde mit Pinienzweigen, Salz und Asche. Druck und tageszeitliche Erwärmung verwandelten den Schnee in Eis, das es möglichst lange zu konservieren galt. Per Esel wurden einzelne Blöcke bergab transportiert. Im Sommer ging das nur nachts, tagsüber wäre der Verlust zu groß gewesen. Eine harte Arbeit in feindlicher Umgebung. Zu Beginn des 20. Jahrhunderts brachte die Industrialisierung den Eisschrank und raubte diesem Wirtschaftszweig die Grundlage. Von den Schneehäusern sind nur die Gruben und wenige Mauerreste geblieben – nicht nur auf der Massanella.

Über die felsige Ebene kämpfen wir uns weiter nach oben. Es pfeift ein heftiger Wind. Gebirgsmacchia versucht, im Gestein Fuß zu fassen, wird aber von den unwirtlichen Bedingungen klein gehalten. Nach einem letzten Steilanstieg erreichen wir den Gipfel. In die Erschöpfung, die einigen ins Gesicht geschrieben steht, mischt sich Stolz. Frank als umsichtiger Tourguide lobt diejenigen, die während des Weges zum Abbruch tendierten. Wir nutzen die gute Fernsicht für ausgedehnte Ortsbestimmungen. Die Insel liegt uns zu Füßen. Majestätisch, dieser Berg. Mit Ausdauer versucht Frank, mir sein Haus zu zei-

---

[195] nevater (mall.) – Schneesammler
[196] pla de sa neu (mall.) – Schneeebene
[197] cases de sa neu (mall.) – Schneehäuser

gen. Nachdem ich lange erfolglos durch das Fernglas auf das Örtchen Biniamar geblinzelt habe, lüge ich schließlich, ich hätte es erkannt. Für eine halbe Stunde zieht sich dann ein jeder in eine der geschützten Felsnischen zurück und genießt die Tatsache, den „höchsten" Punkt erreicht zu haben.

Bergab wählen wir einen anderen Weg. Nach einigen Klettereinlagen erreichen wir die *font de s'avenc*[198] und kurze Zeit später die Gabelung. Nun ist der Abstieg bekannt, was die Stimmung in der Gruppe deutlich lockert. Einige entspannen derart, dass sie auf steilem Geröll zu Fall kommen – glücklicherweise ohne ernsthafte Folgen. Am Kloster haben wir noch Zeit für einen gemeinsamen *cortado*[199], bevor der Bus kommt, um die Gipfelstürmer abzuholen.

Ich ziehe mich um und gehe in die Basilika, um der allabendlichen Kurzdarbietung der *blauvets* beizuwohnen. Es ist nicht sonderlich voll. Bevor das eigentliche Schauspiel beginnt, werden die Besucher von festlicher Altarillumination eingestimmt. Nur die goldenen barocken Formen strahlen aus in den dunklen Raum. Zwei Messdiener im typisch blau-weißen Gewand bereiten die „Bühne" vor und verteilen Merkzettel, in denen die Anwesenden über das nun Folgende aufgeklärt werden. Die Bitte, nach der Gesangsdarbietung nicht zu klatschen, deutet an, welcher Art die Erfahrungen sind, die man mit einem Publikum gemacht hat, das sich vorwiegend aus touristischem Interesse einfindet.

Der Organist beginnt mit dem Präludium. Während er sich in gewagte Harmoniebereiche versteigt, geschieht etwas Erstaunliches. Ein Bild im Altar wird seitlich versenkt. Dahinter erscheint die *Moreneta*, die sich in ihrem beleuchteten Glaskasten drehen lässt. Ein Regieeffekt wie aus der Popkultur. Dann beginnen die *blauvets* mit dem „Ave Maria". Souverän und fehlerlos, aber man merkt ihnen an, dass die Auftritte alltägliche Pflichtübung sind. Nach zwei weiteren Liedern ist die Kurzdarbietung schon wieder beendet. Der Chor verschwindet, der Organist verliert sich nochmals in mystischen Höhen, und die *Mo-*

---

[198] *font de s'avenc (mall.) – „Höhlenquelle"*
[199] *cortado (span.) – „Gekürzter" (kleiner Kaffee mit Milch)*

reneta dreht sich wieder um. Feierabend. Ich finde mein weiteres Seelenheil im Klosterrestaurant in Form einer ausgesprochen guten *paella*.

23. Tag: Steinerne Gesellen

Kloster Lluc ist ein Ort der Gegensätze. Tiefe Religiosität und weltliche Ausgelassenheit – Kontraste ergänzen einander. So sehr, dass man den Ort der inneren Einkehr auch schon mal für lärmende Autorennen nutzt. Ich glaubte zunächst, etwas falsch verstanden zu haben, aber der frühmorgendliche Zuschaueran-drang belehrt mich eines Besseren. Parkplätze werden zugewie-sen und Straßen gesperrt. Die Dienst habenden Polizisten ge-nießen ihre besondere Machtfülle. Lässig sonnenbebrillt spielen sie sich als Herren des Spektakels auf. Mit ungeduldiger Gestik leiten sie den Verkehr um und fertigen lästige Frager ab. Ich hasse das beißende Gedröhn hochfrisierter Motoren, finde aber Gefallen an der unverkrampften Glaubensauffassung der Brüder der „Kongregation der heiligen Herzen".

Flucht. An den Sportanlagen des Klosters vorbei führt der Weg in eine bizarre Karstlandschaft. Scharfkantig und spitz türmen sich die absonderlichsten Gesteinsformationen. Mächtige Or-gelpfeifen aus Kalk, fein ziseliert durch Kratzspuren wie von Kinderhänden, neben Fabelwesen aus dem Reich der Tierwelt. Lässt man den Blick ruhen, so zeigen sich Schildkröten und Kamele in der Felslandschaft, um gleich darauf wieder im Grau des Kalksteins zu entschwinden.
Derartige Erscheinungen sind typisch für den niederschlagsrei-chen Norden der Serra Tramuntana. Chemisch ist „Verkarstung" nichts weiter als die Lösung von kalkhaltigem Gestein und der Abtransport des gelösten Materials durch Wasser. Im Land-schaftsbild kommt es dadurch zur Ausbildung charakteristischer Oberflächenformen, die nicht selten den Eindruck erwecken, sie seien künstlich erschaffen worden. „Karren" zum Beispiel. Re-gelmäßig nebeneinander angeordnete Rillen, extrem scharfkan-tig. Je nach Stadium der Verwitterung sind sie in unterschiedli-chen Größenordnungen anzutreffen. Bis hin zu schluchtartig erweiterten „Karstschloten". Oder etwa „Poljen" – großräumige Wannenformen wie das Tal von Lluc. Oberflächlich kaum zu

sehen, aber ebenfalls Folge desselben Prozesses ist die Entstehung von Höhlen entlang von Schwächezonen im Gestein.[200] Entscheidendes Merkmal von Karstgebieten ist die unterirdische Entwässerung durch Gesteinsklüfte. Bäche und Flüsse fehlen im Landschaftsbild. Wasser taucht nur streckenweise an der Oberfläche auf, beginnend an einer „Karstquelle" und endend im so genannten „Schluckloch". Es gibt keinen einheitlichen Grundwasserspiegel, sondern einen kleinräumig schwankenden „Karstwasserspiegel". Oberflächlich sichtbar sind trockene Flussbetten, *torrentes*[201], die nur bei starken Niederschlägen tatsächlich Wasser führen.

Aus der zerklüfteten Felslandschaft von Lluc führt der Weg in die Steineichenwälder von Binifaldó. Üppiger Unterwuchs hat sich zwischen den Bäumen auf der flachen Bodendecke ausgebreitet. Ein Teppich blühender Zistrosen bildet das zweite Stockwerk des Waldes. Das dritte ist nicht minder interessant: Gelblich rot schimmert es gelegentlich im Wurzelbereich. Die Farben eines pflanzlichen Piraten. Der „Zistrosenwürger", von den Mallorquinern weniger emphatisch *margalida* genannt, setzt sich an die Wurzeln seiner Wirtspflanze und scheint nicht schlecht davon zu leben. Leuchtend und prall bevölkern die fleischigen Früchte den Waldboden und erregen Aufmerksamkeit.

Gut ausgebaut schlängelt sich der Weg von Manut bis zur Finca Binifaldó. Grund für den makellosen Zustand der schmalen Straße sind die häufigen Mineralwassertransporte. Täglich pendeln zahlreiche Lkws zur Abfüllanlage Agua Binifaldó und zurück. Das Wasser wird am Fuß des Tomir entnommen. Auch Ausflügler nutzen den Wirtschaftsweg, wenn sie die Strecke zum Gipfel des Berges automobil abkürzen wollen. Nach vollbrachtem Tagwerk müssen dann manche die bittere Erfahrung machen, dass sie das Gelände nur noch ohne Auto verlassen können. Das Tor bei Finca Manut wird nach Feierabend geschlossen. Ist in so einem Fall dort kein hilfsbereiter Geist an-

---

[200] vgl. Tag 26: Hinter der Bühne
[201] torrente (span.) – Sturzbach

zutreffen, dann hat man in der abendlichen Einsamkeit des Gebirges ein Problem.

Kahl ist er, von gebeugter Erscheinung und bescheidener Zurückhaltung, der „alte Vater Tomir". Die Rede ist vom nördlichsten Berg der Tramuntana, dessen vegetationslosen „Schädel" die Mallorquiner liebevoll vermenschlichen. Mit 1103 Metern gehört er zum „Dach der Insel". Seine Bezwingung stellt ein durchaus anspruchsvolles Unterfangen dar.

Hinter der Quelle Binifaldó geht es steil bergauf. Vereinzelt helfen in den Fels geschlagene Stufen und fest verankerte Drahtseile. Einige Geröllfelder sind zu queren. Ist der steile Abschnitt bewältigt, hat man den Gipfel noch lange nicht erreicht. Endlos zieht sich der Weg durch eine scharfkantig-löchrige und fast vegetationslose Karstlandschaft. Ein kräftiger, kalter Wind bläst mir ins Gesicht. Trotz milchiger Sonnenstrahlen ziehe ich sämtliche Kleidungsstücke über, die ich dabei habe. Weitere körperliche Anstrengung verlangt der Gipfel nicht. Das Erreichen der schlichten Betonsäule ist unspektakulär, wird aber mit einem windstillen Winkel und einer etwas nebligen Aussicht auf das nordöstliche Ende der Insel belohnt.

Sanft läuft das Gebirge in den Halbinseln Formentor und La Victoria aus. Dazwischen öffnet sich der flache Verebnungsbereich von Pollença, der im tief liegenden Küstendunst fließend in die gleichnamige Bucht übergeht. Die Ortschaften Pollença und Port de Pollença sind zu erkennen, auch die typisch überkippte Felsstruktur Formentors.[202] Konträr dazu der „Hausberg" Pollenças: Wie aus einer überdimensionalen Backform gestürzt ragt der Puig Maria gleichmäßig und rund aus der Ebene auf. Direkt unterhalb der nördlichen Steilwand des Tomir verläuft der alte Postweg nach Lluc, auf der anderen Seite erinnern einige *cases de sa neu*[203] an vergangene Zeiten.

Auch wenn der wirtschaftliche Aspekt der Eisherstellung längst bedeutungslos ist, lösen schneebedeckte Bergkuppen bis heute eine fast kindliche Freude unter den Mallorquinern aus. Wenn es geschneit hat, fährt man ins Gebirge, um sich das seltene

---

[202] *vgl. Tag 8: Von Drachen und Piraten*
[203] *cases de sa neu (mall.) – Schneehäuser*

136

Weiß anzuschauen. Schneemänner werden mitgenommen, um sie den daheim Gebliebenen vorzuführen. Bis in die Ebene schneit es nur selten.

An den Schneehäusern vorbei beginne ich den Abstieg nach Pollença. Man kann direkt auf den Postweg hinabgelangen. Allerdings ist dieser Weg nichts für ängstliche Gemüter. Direkt am Steilhang stürzt ein Schwindel erregender Pfad in die Tiefe. Ein längerer Weg führt vorbei an der Finca Fartaritx. Mit leichtem Gefälle flacht sich der Bergrücken nach Nordosten ab. Einige Taleinschnitte sind zu umgehen, bevor die Gebirgsmacchia in den kleinen bewirtschafteten Bereich übergeht. Gleich hinter dem meist verlassenen Haus verliert er sich wieder im Gebüsch.

Kurze Zeit später treffe ich zwei Bauern, die nach ihren Schafen sehen. Sie kommen nicht häufig herauf. Deswegen bringen sie bei der Gelegenheit gleich eine alte Trockenmauer wieder in Ordnung, die dem Bodendruck nicht mehr standgehalten hatte. Wohnen tut hier niemand, aber in einigen Wirtschaftsgebäuden werden Gerätschaften und Material gelagert. Für notwendige Arbeiten muss man eine Stunde zu Fuß aufsteigen.

Nach Pollença sind es noch zwei Stunden. Vor allem das letzte Stück auf Asphalt lässt mich spüren, dass der heutige Tag es in sich hatte.

José muss sich konzentrieren, um den Landcruiser auf der schmalen Schotterpiste zu halten. Schlaglöcher und abgeknickte Bäume sind unsere Wegbegleiter. Es dämmert bereits, und der Jeep gerät manchmal bedenklich nah an die Abbruchkante. Seit Pollença sind wir eine Viertelstunde unterwegs. Bereits vor einigen Minuten haben wir die kleine Nebenstraße verlassen, doch die Zufahrt streckt sich. *„Aquí estamos",* [204] sagt José schließlich, als wir das Tor durchfahren. Die Sonne ist inzwischen untergegangen. Ein kleiner rötlicher Schleier liegt noch über dem westlichen Abendhimmel. Im Osten blinken die Lichter der Bucht ins Dunkel der Nacht. Das Haus hat eine sagenhafte Lage über der Ebene von Pollença. Von der Terrasse aus

---

[204] *Aquí estamos (span.) – Da sind wir*

erschließt sich dem Betrachter das gesamte Tiefland zwischen Formentor und La Victoria.

José ist der Sohn des Hauses. Er nimmt mich mit in die große Wohnküche, wo sich die Familie zum Essen eingefunden hat. Die Familie, das sind Mutter Margarita, Vater Gabriel und Schwester Juana-Marie. Ich darf mich in gewisser Weise dazu-zählen. Zumindest wenn ich da bin.

Ein bedeutsames Ereignis der jüngsten Vergangenheit war die Begegnung Juana-Maries mit König Juan Carlos. Ein Foto macht die Runde, das sie beim Händedruck mit dem Monarchen zeigt. Es war auf der Abschlussveranstaltung ihres *colegio*[205]. Ihr selbst ist es peinlich, aber die stolze Mutter wird nicht müde, auf Details jenes Abends einzugehen.

Wir essen auf der Veranda. Ein warmer Luftzug strömt aus dem Tal von Campanet, und die Zikaden veranstalten ein vielstim-miges Konzert. In den Bäumen haben sich die Hühner zur Nachtruhe niedergelassen, ein verwirrter Hahn übt seine Stim-me für den nächsten Morgen. Angelockt vom Fischgeruch, ver-sammeln sich die Katzen unter dem Tisch. Es gibt *tumbet*[206] mit *pescadilla*[207].

Bis vor wenigen Jahren konnte die Familie allein von Landwirt-schaft leben, doch die Aussichten wurden zusehends schlechter. Also renovierten sie das Haus, legten einen Pool an und nahmen Kontakt zu Reiseveranstaltern auf. Mit den zusätzlichen Ein-nahmen aus dem *agroturismo*[208] kann die Finca weiter unter-halten werden. Die Arbeit allerdings hat sich dadurch verdop-pelt. Aber nur so kann José auch zukünftig Ackerbau und Schafzucht betreiben. „Ich kann mir kein anderes Leben vor-stellen", meint er, während er den letzten Löffel *flan caramel*[209] genüsslich im Mund zergehen lässt.

---

[205] *colegio (span.) – Schule*
[206] *tumbet (mall.) – deftige Gemüsepfanne u.a. mit Aubergine, Zucchini und Tomate; wird mit Fisch (pescado) oder Fleisch (lomo) serviert*
[207] *pescadilla (span.) – Weißling (typischer Fisch zum tumbet)*
[208] *agroturismo (span.) – sinngemäß: Ferien auf dem Bauernhof*
[209] *flan caramel (span.) – typischer Vanillepudding mit Caramelsauce*

POLLENÇA

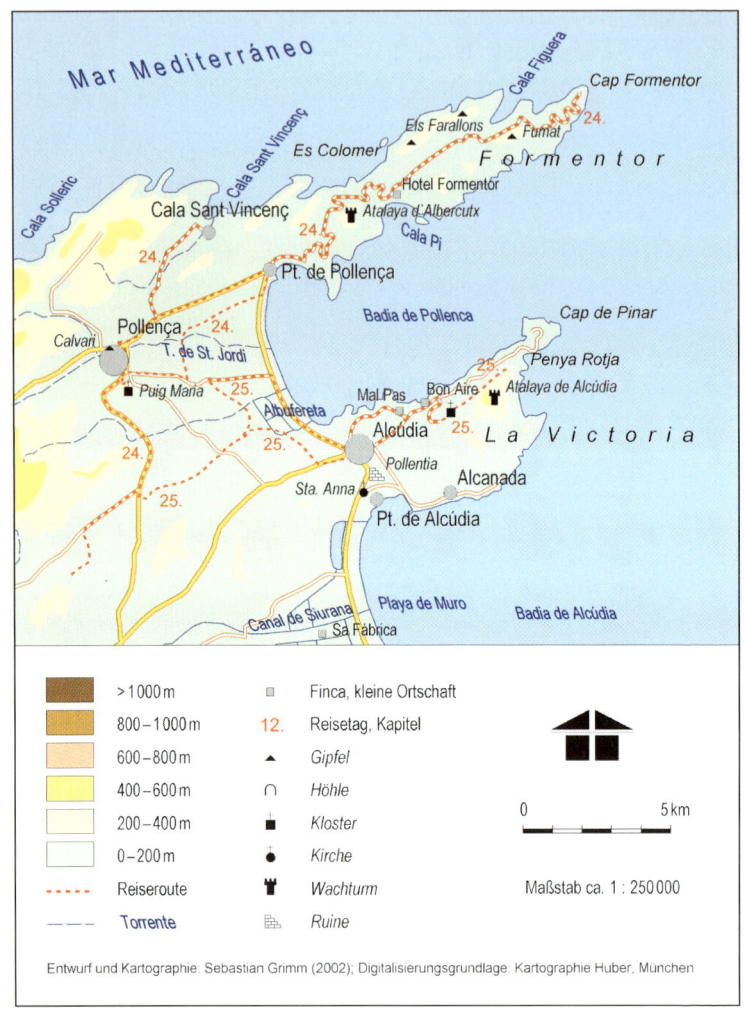

Mar Mediterráneo

Cala Solleric · Cala Sant Vincenç · Cala Sant Vincenç · Es Colomer · Els Farallons · Fumat · Cala Figuera · Cap Formentor · 24.

F o r m e n t o r

Hotel Formentor · Atalaya d'Albercutx · Cala Pi

Cala Sant Vincenç · 24.

24. · Pt. de Pollença

Badia de Pollenca · Cap de Pinar

Pollença · 24. · Calvari · T. de St. Jordi · Penya Rotja · 25. · Bon Aire · Atalaya de Alcúdia

Puig Maria · 25. · Albufereta · Mal Pas · Alcúdia · 25. · L a   V i c t o r i a

24. · 25. · Pollentia · Alcanada · Sta. Anna · Pt. de Alcúdia

Canal de Siurana · Playa de Muro · Badia de Alcúdia · Sa Fábrica

▨ >1000 m	▫	Finca, kleine Ortschaft
▨ 800–1000 m	12.	Reisetag, Kapitel
▨ 600–800 m	▲	*Gipfel*
▨ 400–600 m	∩	*Höhle*
▨ 200–400 m	▪	*Kloster*
□ 0–200 m	●	*Kirche*
---- Reiseroute	♜	*Wachturm*
---- Torrente	⛪	*Ruine*

0 _____ 5 km

Maßstab ca. 1 : 250 000

Entwurf und Kartographie: Sebastian Grimm (2002); Digitalisierungsgrundlage: Kartographie Huber, München

S. 139: Formentor und Port de Pollença vom Puig Maria aus

24. Tag: Anfang und Ende

José leiht mir den alten 2CV, der sonst nur noch als Wirt-
schaftsfahrzeug dient. Ich folge seinem Vorschlag und biege
von der Hauptstraße in die enge Zuwegung des Puig Maria ein.
Die ersten Kurven bewältige ich spielend mit dem altertümli-
chen Gefährt. Ich ahne jedoch, was José mit den Worten *„es
una aventura"*[210] gemeint haben könnte. Die Serpentinen werden enger. Die Steigung nimmt zu. Bald schon muss ich in den
Kurven rangieren, um mein Vehikel auf die nächste Bahn zu di-
rigieren. Bekanntlich zeichnet es sich durch einen ausgesprochen großen Wendekreis aus. Nicht nur die Enge steigert den
Anspruch an das fahrerische Können, sondern auch der Neigungswinkel. Bisweilen scheint es, als könne das Auto nach
hinten überkippen. Zudem fehlt jegliche Leitplanke. Das macht
die Rangiermanöver zur Nervenprobe. Zweifel an der technischen Zulänglichkeit des Gefährts erhöhen die Anspannung. Ich
erinnere mich an das süffisante Grinsen, mit dem José mich
verabschiedet hatte. Ein Abbruch des Unternehmens verbietet
sich mangels Wendemöglichkeit. So komme ich schließlich
schweißgebadet auf einem winzigen Parkplatz an, wo ich zwei
weitere Autos und eine kleine Einfahrt zum Wenden erblicke.
Mit einem letzten Kraftakt bugsiere ich die Entennase in Richtung Tal und gönne dem Zweizylinder seine wohlverdiente Pause. Ich zweifle an der Wirkung von Handbremse und Kupplung,
aber der Vogel bleibt tatsächlich auf der schiefen Ebene stehen.
Ein Fußweg endet nach kurzem Aufstieg bei der Ermita de Nostra Senyora del Puig. Dreihundertdreißig Meter Höhe – die
Aussicht entschädigt für alles: Hinten Pollença mit der Tramuntana, vorn die von den Halbinseln Formentor, Victoria und
Ferrutx eingefassten Buchten, dazwischen die stark zersiedelte
Ebene.
Um die Gründung der *ermita*[211] rankt sich – wie könnte es anders sein – die Geschichte der hiesigen Marienfigur: Die *Senyora del Puig* machte durch nächtliches Leuchten auf sich
aufmerksam, ließ sich dann aber trotz größter Kraftanstrengun-

---

[210] *Es una aventura (span.) – Es ist ein Abenteuer*
[211] *ermita (span.) – Einsiedelei*

141

gen nicht von ihrem Platz entfernen. Man verstand das Zeichen und baute ihr dort eine Kapelle. Tatsächlich geschah dies im 14. Jahrhundert. Zeugnis davon gibt ein erhaltenes Rundbogenportal aus jener Zeit. Die Klosteranlage ist jünger und wird bis heute als Pilgerherberge genutzt.

Pollença liegt direkt gegenüber. Eine schöne Stadt mit antiken Relikten und arabischem Grundriss. Der *pont roma*[212] quert seit zweitausend Jahren den Torrente St. Jordi und markiert einen der Zuwege in die Stadt. Im Inneren erschließen unübersichtliche Wegführungen einen verschachtelten Grundriss. Straßen verjüngen sich oder werden zu Sackgassen. Das beschert nicht ortskundigen Autofahrern – haben sie sich einmal festgefahren – den höhnischen Spott der einheimischen Jugend. Verspielte Ornamentik an den Fassaden ist allgegenwärtig, sei es in Putz, Metall oder Keramik.

Der Ortsname erinnert an die einstige römische Hauptstadt, die wenige Kilometer entfernt am Meer lag. „Pollentia" ging nach kriegerischen Auseinandersetzungen im fünften nachchristlichen Jahrhundert unter. Mag sein, dass versprengte Einwohner den alten Namen für einen geschützteren Siedlungsraum weiterverwendet haben

Das heutige Pollença jedenfalls liegt im Landesinneren. Ähnlich wie Sóller oder Andraitx verfügt es über einem Hafen, der in den letzten Jahrzehnten zum expandierenden Badeort geworden ist. In der Stadt selbst blieben die alten Strukturen unversehrt: In der Senke zwischen *calvari*[213] und Puig Maria leben heute etwa 10 000 Menschen. Übernachtungsmöglichkeiten gibt es kaum. Die „touristische" Infrastruktur beschränkt sich auf ein vielfältiges Angebot von Bars und Restaurants rund um die Plaça Mayor. Der zentrale Platz ist leicht geneigt und lädt zum Verweilen. Im Café Espanyol stärke ich mich mit einem *cortado*[214] und einer *ensaimada*[215].

Plötzlich drängt eine Menschentraube aus der benachbarten Pfarrkirche Nostra Senyora dels Angels. Ein großes Cabriolet

---

[212] *pont roma (mall.)* – Römerbrücke (von Pollença)
[213] *calvari (mall.)* – Kalvarienberg
[214] *cortado (span.)* – „Gekürzter" (kleiner Kaffee mit Milch)
[215] *ensaimada (span.)* – typisches Blätterteiggebäck in Schneckenform

fährt vor. Erwartungsvolle Blicke ins Innere der trutzigen Kirche, lautstarker Beifall, Blitzlichtgewitter. Dann bahnen sich frisch gebackene Eheleute in aufwendiger Garderobe ihren Weg in den Fond. Der Wagen fährt ab, die Festgemeinde bleibt. Rauchende Herren sind ins Gespräch vertieft, herausgeputzte Kinder spielen Fußball. Einige Damen zieht es auf einen Aperitif ins Café. Erst nach und nach macht man sich auf zum eigentlichen Ort der Feier.

Eine schnurgerade Zypressenallee führt auf den Kalvarienberg. Angeblich sollen es genau 365 Stufen sein. Ich zähle immer etwas anderes. Auch dieses Mal klappt es nicht. Oben eine schlichte Kapelle und eine ähnlich aufregende Aussicht wie vom Puig Maria. Wer also dessen Mühen meiden möchte, der findet hier eine leicht zu bewältigende Alternative.

Durch die *huerta*[216] gelange ich auf Nebenstraßen zum Hafen, der heute vorwiegend von Engländern als Urlaubskolonie heimgesucht wird. Während der Saison wird Englisch gesprochen, meist mit derbem Akzent. Es gibt „Pubs", „Fish and Chips" und „Liquor Stores". An vier Kilometern Strand und in den Straßen trifft man in den heißen Monaten überwiegend auf krebsrote Briten. Sie benehmen sich so, als wären sie hier zu Hause – ähnlich wie die Deutschen in Arenal.

Im Zentrum finden sich noch die Strukturen der einstigen Fischersiedlung. Aber direkt angrenzend beginnen die Stein gewordenen Jahresringe des Tourismusbooms. Entlang des Strandes weisen sie ihre krassesten Wucherungen auf. Der freizeitindustrielle Größenwahn kulminiert im Hotel Pollença Park, einem monströsen Betonklotz in zweiter Reihe.

Trotzdem hat Port de Pollença Charme. Das Pollença Park ist das einzige Hotel seiner Kategorie, und wird zudem teilweise verdeckt durch herrschaftliche Villen der vorletzten Jahrhundertwende. Der Ortskern vereint alle Funktionen auf kleinstem Raum und bietet hübsche Plätze zum Aufenthalt. Promenade und Strand erstrecken sich beiderseits des Yachthafens. Die ge-

---

[216] *huerta (span.) – große Gartenanlage (vorwiegend Gemüse- und Obstbau)*

143

schützte Bucht zeichnet sich durch ideale Bedingungen aus. Nicht nur zum Baden, sondern auch zum Segeln und Surfen.

Im Winter haben natürlich auch hier einige Geschäfte geschlossen, aber zur Geisterstadt wird Port de Pollença nie. „Man kann auch im Winter schwimmen", behauptet Marie, die einen kleinen Fahrradverleih in der Nähe der Promenade betreibt. „Es gibt schöne Tage, an denen man den ganzen Strand für sich hat". Außerhalb der *temporada*[217] werde auch wieder Mallorquí gesprochen, witzelt sie, während sie Schaltung und Sattel meines Fahrrads justiert. Schließlich überreicht sie mir das Werkzeugpäckchen und wünscht mir gute Fahrt. Das Auto lasse ich stehen.

Formentor ist der Anfang und das Ende. Wie einen Fühler streckt Mallorca die lang gezogene Halbinsel in das raue Meer hinaus. Starke Wind- und Wetterexposition hat zu wilder Verkarstung der überkippten Faltenstruktur geführt. Eingebettet in die zerklüftete Kalksteinlandschaft finden sich schwer zugängliche Buchten zwischen Gipfeln von drei- bis vierhundert Meter Höhe. Speziell die Nordküste stürzt steil ins Meer. Allseitig nagt das Wasser am Fels. An der schmalsten Stelle misst Formentor nur einen Kilometer. Legt man geologische Zeitdimensionen zugrunde, dann ist die Abspaltung absehbar. Vorerst noch führt jedoch eine Traumstraße zum Leuchtturm am Kap. Bis ans Ende der Inselwelt. Sie verläuft durch zwanzig einsame Kilometer, denn auf Formentor herrscht Bauverbot. Lediglich wenige Häuser, die vor Inkrafttreten dieser Regelung errichtet worden waren, stellen Ausnahmen dar. Und natürlich das Hotel Formentor.

Von Einsamkeit bekomme ich zunächst wenig zu spüren. Als ich mich hinter der Marinestation über die lange Rampe zum Miradór Es Colomer hinaufarbeite, werde ich von einem Tross Mietwagen begleitet. Dabei hatte ich mit Bedacht den Nachmittag für die Tour gewählt. Glücklicherweise wollen viele nur bis zum *miradór*[218]. Von dort aus wirken die senkrecht abstürzenden Wände von Els Farallons und die vorgelagerte kleine In-

---

[217] *temporada (span.) – Saison*
[218] *miradór (span.) – Aussichtspunkt*

sel Colomer besonders eindrucksvoll. Ein Bild, das in keiner Fotosammlung fehlen darf. Etwas weiter erhöht ist die Atalaya d`Albercutx zu sehen, ein weiteres Glied des frühneuzeitlichen Piratenwarnsytems.

Am Parkplatz „begegne" ich erneut Antonio Parietti. Man hat ihm hier ein Denkmal gesetzt. Nicht nur die Straße nach Sa Calobra geht auf seine Planungen zurück, sondern auch diese. Man merkt es deutlich an der behutsamen Einpassung in die Landschaft. Ich folge seiner Linienführung. In geschwungenen Serpentinen senkt sie sich zur Cala Pi und dem dortigen Hotel Formentor. In den Dreißigerjahren gegründet, hat sich das Hotel bis heute etwas von seinem exklusiven Ruf als Residenz der internationalen High Society bewahrt. Durch die Aura vergangener kultureller und politischer Großereignisse wird auch der einfache Gast geadelt. Die Bucht mit ihrem reizvollen Strand ist heute für alle zugänglich, die von Port de Pollença aus anreisen. Bis hierher verkehrt der Linienbus.

Hinter dem Hotel ändert sich die Stimmung. Es herrscht kaum noch Verkehr. Selten begegnet mir ein Auto, in meine Richtung fährt niemand. Die wenigen Häuser kommen mir verlassen vor. Oberhalb der Cala Figuera folgt ein Tunnel, in dem ich das fehlende Fahrradlicht durch die Taschenlampe ersetzen muss. Dann erreiche ich den Leuchtturm. Schon seit 1862 ist er in Betrieb. Ein wichtiger Orientierungspunkt für die Seefahrt. Gegenüber ist Menorca zu sehen. Durch das Fernglas erkenne ich sogar einzelne Häuser von Ciutadella – das lässt die Wetterlage nicht häufig zu.

Zurück radle ich der sinkenden Sonne des Spätnachmittags entgegen. Im Süden hebt sich das Cap de Ferrutx gestochen scharf von der Horizontlinie ab. Beide Buchten scheinen zu einer vereint, da das Cap de Pinar zunächst nicht sichtbar ist. Kräftezehrende Bergpassagen münden in eine lang gezogene Abfahrt nach Port de Pollença, dessen Silhouette an der jetzt golden schimmernden Bucht fast malerisch wirkt. Ich verstaue das Rad im Auto und gönne mir eine kurze Badepause an der Cala Sant Vincenç. Dann geht es offenen Verdecks zurück.

25. Tag: Brot und Spiele

Frühstück auf der Veranda. Wohlwollend, aber doch resolut bringt Margarita mich dazu, drei Portionen *tortilla*[219] zu verdrücken. Schwer in Bauch und Gliedern mache ich mich auf in Richtung Alcúdia. Mit dem Fahrrad. So kann ich größere Entfernungen zurücklegen, ohne mich in die Abgeschlossenheit eines Pkw zurückziehen zu müssen. Auf Wirtschaftswegen und Nebenstraßen durchstreife ich das Tiefland von Pollença.

Hinter der Küstenlinie ist es flach und amphibisch. Die Albufereta. Entstanden durch Akkumulation des Strandwalls und dadurch langsame Abtrennung vom Meer ist sie heute ein wertvolles Feuchtbiotop – wenn auch kleiner als die benachbarte Albufera. Brackwasserflächen unterschiedlichster Ausprägung bieten Lebensräume für mehr oder weniger salztolerante Pflanzen und eine vielfältige Fauna.

Die Ruinen der Römerstadt „Pollentia" wirken zunächst unscheinbar. Versteckt liegen sie gegenüber der Altstadt Alcúdias an der Durchgangsstraße zum Hafen. Erst bei genauerem Hinsehen deuten sich Größe und Bedeutung des antiken Machtzentrums an. Zur Besichtigung freigegeben sind derzeit lediglich das Wohnviertel La Portella und, fast schon an der Grenze zum heutigen Port de Alcúdia, das Amphitheater. Von dort aus lässt sich die beachtliche Ausdehnung des ehemaligen Siedlungsraumes einsehen – heute als grüne Grasnarbe auf unausgegrabenen Ruinen. Das Gelände ist eingezäunt. Man möchte den Wert des Verborgenen schützen, hat aber keine Mittel für weitere Grabungen. Lediglich ein kleiner Teil des Forums wurde freigelegt, verharrt nun aber ebenso in malerischer Ungepflegtheit wie der Rest der Fläche.

Die Römer kamen im Jahre 123 vor unserer Zeitrechnung. Angeführt vom Feldherrn Quintus Caecilius Metellus landeten sie in der Alcúdia-Bucht und nahmen schnell die gesamte Insel ein. Der Landeplatz hatte eine Ausrichtung nach Rom und wurde zur Hauptstadt. Pollentia bedeutet soviel wie „die Starke" oder „die Mächtige". Die Römer hatten ein Exempel statuieren wol-

---

[219] *tortilla (span.) – spanisches Omelett*

len. Vorher hatten sie lange Zeit kein Interesse an einer Besetzung gezeigt. Das änderte sich erst, als die Insulaner nicht davon abließen, römische Schiffe zu kapern.

Rom verstand es, andere Gemeinwesen durch Kultur und Wohlstand zu kolonisieren. Der lang anhaltende politisch-militä-
rische Erfolg beruhte auf zivilisatorischem Vorsprung. Die Römer brachten Fortschritt, auch nach Mallorca. Ihre konstrukti-
ven Standards sind dokumentiert durch die Ruinen der Atrium-
häuser von La Portella, ihre technischen Fertigkeiten durch Reste eines Aquäduktes, das Wasser über vierzehn Kilometer aus
dem Gebirge nach Pollentia leitete.

Nach langer Blütezeit begann im 3. Jahrhundert der Niedergang. Es muss zu sozialen Unruhen und massiver Gewaltein-
wirkung in der Stadt gekommen sein. In diesem Zusammenhang ist vermutlich erst die Mauer um die Wohnhäuser von La
Portella gebaut worden. Verwüstete Bereiche wie Forum und
Theater wurden nicht wieder aufgebaut, sondern als Friedhöfe
genutzt. In diesen unsicheren Zeiten muss die Bevölkerungszahl
bereits stark gesunken sein. Die Vandalen kamen erst danach.
Zu Beginn des 5. Jahrhunderts fielen sie auf Mallorca ein. Für
das Jahr 425 ist eine Plünderung nachgewiesen. Wurde das
Schicksal der „Mächtigen" dadurch endgültig besiegelt? Aus
diesem Abschnitt der Inselgeschichte ist wenig bekannt. Die
Römische Epoche geht über in ein dunkles mallorquinisches
Frühmittelalter. Zivilisatorische Errungenschaften gerieten vorübergehend in Vergessenheit – der Name der Insel aber blieb
bis heute. Die Römer nannten sie „*Maior*" *Balearium*[220].

Die Araber nutzten Pollentia in den folgenden Jahrhunderten
intensiv als „Steinbruch". Sie gründeten direkt nebenan die
neue Siedlung Alcúdia, frei zu übersetzen mit „der Hügel".
Günstig auf der Kuppe zwischen den Buchten gelegen, entwickelte sich die Stadt schnell zur Blüte. Sie wurde eines der
wichtigen Ziele der *reconquista*[221] und blieb stets auch für Pi-

---

[220] Maior Balearium (lat.) – die größere der Balearen; Menorca hieß „Minor
Balearium" – die kleinere Baleareninsel

[221] reconquista (span.) – christliche Wiedereroberung der maurisch
beherrschten Iberischen Halbinsel

raten interessant. Jaume II.[222] ließ deswegen von 1298 an einen ersten Mauerring anlegen. Im 17. Jahrhundert errichtete man wegen der fortgeschrittenen Waffentechnik weitere Bastionen. Von diesen jüngeren Wallanlagen ist lediglich noch die Bastei San Ferrán erhalten, heute die städtische Stierkampfarena. Die Stadtmauer aus dem 14. Jahrhundert hingegen ist eine der Attraktionen. Sie fasst auch heute noch die Altstadt vollständig ein.

Zwischen den Toren herrscht eine eigene Stimmung. Das Zentrum ist verkehrsberuhigt, die Mauern schirmen den Lärm der Durchgangsstraßen ab. Man hat Zeit und geht zu Fuß. Die Porta de Xara war früher das Tor zum Hafen, heute steht sie isoliert. Auf dieser Seite hat die Mauer einige Lücken. Zur gegenüberliegenden Porta St. Sebastián führt der Carrer José Antonio. Als zentrale Fußgängerpassage gliedert er den verwinkelten Grundriss. Kleine Läden, freundliche Fassaden und in der Mitte die ungleichmäßig zugeschnittene *plaza*. Einladend. Die barocke *Casa Consistorial*[223] wirkt wie eine verkleinerte Ausgabe des *Ayuntamiento* von Palma. Die Altstadt ist klein. Am anderen Ausgang ist man schon nach wenigen Minuten. Die Porta St. Sebastián ist Alcúdias Tor zur Hauptstadt. Daher die Wahl des Schutzheiligen Palmas als Namenspatron. Zusammen mit der Pfarrkirche St. Jaume verleiht sie der Stadt zu dieser Seite ein betont wehrhaftes Erscheinungsbild. Besonderes Merkmal der Kirche ist ihre dezentrale Lage. Trutzig wie ein Wachturm, war sie einst Teil der Stadtbefestigung.

Eine Maueröffnung vor dem Hauptportal entlässt mich wieder in die Außenwelt. Der Verkehrslärm der Durchgangsstraße hat mich wieder.

Mal Pas und Bon Aire sind vorgelagerte Urbanisationen. Zum Teil besitzen sie den Charme alter Badeorte, zum Teil repräsentieren sie modern-mondäne Villenkultur. Zumindest die örtlichen Bauunternehmer freuen sich über den Umstrukturierungsprozess, denn er sorgt für stets volle Auftragsbücher. Dass hier viel Schwarzgeld verbaut wird, stört sie wenig.

---

[222] *Jaume II. – erster König von Mallorca, regierte von 1276 bis 1311*
[223] *Casa Consistorial (span.) – Rathaus*

Es fährt sich angenehm zwischen den schattigen Gartenanlagen. Einige Häuser liegen protzig an der Straße, andere versteckt in entlegenen Winkeln großzügig geschnittener Grundstücke. Hinter dem Yachthafen markiert eine einfache Brücke über den Mündungsbereich des Torrente de ses Fontanelles das Ende der Bebauung.

La Victoria. Eine Halbinsel mit malerischen kleinen Buchten. Kieselstrände tauchen sanft in das satte Türkis des Meeres ein. Über allem liegt salziger Pinienduft. La Victoria heißt auch die kleine Einsiedelei mit einigen Pilgerunterkünften. Eine steil ansteigende Straße führt hinauf. Nach wenigen hundert Metern mündet sie auf einen großen Parkplatz. Ob der mittäglichen Stunde ist er voll besetzt. Trotzdem ist das Kirchlein verlassen.
La Victoria, „die Siegreiche". Halbinsel und *ermita*[224] sind nach der Marienfigur in der kleinen Kapelle benannt. Selbstverständlich steht auch hinter dieser Madonna eine Geschichte: Mehrfach von Piraten geraubt kehrte sie jedes Mal selbstständig zurück. Das Böse war ihr gegenüber machtlos. Hintergrund dieser Überlieferung ist die wahre Begebenheit häufiger Überfälle, bei denen Laienpriester entführt und versklavt wurden. Die Wendung zum Guten dichtete man im Laufe der Jahrhunderte dazu. Heute steht „die Siegreiche" im Halbdunkel ihrer Kapelle und ist ein weiterer Zielpunkt des mallorquinischen Wallfahrtstourismus.

Im Restaurant finde ich keinen Platz. Tagesausflügler diverser Reiseveranstalter blockieren die Terrasse. Man speist bei großartigem Blick über die Bucht von Pollença. Mir bleibt die Bar. Im klimatisierten Innenraum sind traditionell Reiseleiter und Busfahrer versammelt. Sie machen sich lustig über die zusammengekniffenen Augen der schwitzenden Gäste vor der Tür.
Toni ist *guía*[225]. Mit seinem *móvil*[226] und einem Haufen kleiner Notizzettel versucht er, von unterwegs seine Einsätze zu koordinieren. Die Anfragen für die Saison häufen sich derzeit. Er ist einer von über zweihundert offiziellen Reisebegleitern, die je

---

[224] *ermita (span.) – Einsiedelei*
[225] *guía (span.) – Fremdenführer, Reiseleiter*
[226] *móvil (span.) – Mobiltelefon*

nach Bedarf als Freiberufler von den großen Agenturen ange-
fragt werden. In der Saison kann er sich vor Angeboten kaum
retten, im Winter dagegen hat er Probleme, sich finanziell über
Wasser zu halten. „Deswegen versuche ich, so viele Aufträge
wie möglich anzunehmen", sagt er, „aber reichen tut es eigentlich nie." Er muss die schlechte Zeit mit anderen Jobs über-
brücken, erzählt von Hotelrezeptionen, von Sprachschulen und
vom Straßenbau. Man wird keineswegs zwangsläufig reich im
Tourismus. Das schaffen nur wenige, die meisten müssen sich
ihr Geld hart erarbeiten.

Ich lasse das Rad an der *ermita* und nutze den Nachmittag für
einen kurzen Aufstieg zum *penya rotja*[227]. Oberhalb des Restaurants beginnt ein Fahrweg zur *atalaya*[228] von Alcúdia. Pinien-
wald. Dominiert die Halbinsel und gibt dem Cap de Pinar seinen Namen. Ein Pfad führt bald in den buschigen Unterwuchs.
Entlang dem Felshang oberhalb der Bucht gelangt man an eine
Steilwand, an der in abenteuerlicher Weise das verwitterte Gemäuer eines kleinen Wachturms hängt. Durch seine engen Tür-
öffnungen gehe ich ins Innere eines jahrhundertealten Fes-
tungsbereichs. Verstreute Gebäudereste, fünfzig Meter erhöht
ein Kanonenrohr und gegenüber der „rote Felsen". Die Abendsonne verstärkt die natürliche Rostfarbe.
Wahrscheinlich ist auch diese vorgelagerte Verteidigungsanlage
im Zusammenhang mit den Piratenangriffen im 16. Jahrhundert
ausgebaut worden. Man nutzte die natürliche Lagegunst. Von
hier aus hatte man den Überblick über das Kap und die vorgelagerten Buchten.

Ich kühle mich an einem der kleinen Strände von Mal Pas ab,
bevor ich gemächlich zurückradle. Auf der Finca werde ich mit
frisch angesetzter *sangría* empfangen. „*Es el día de la despedida*",[229] sagt Gabriel und klopft mir auf die Schulter.

---

[227] *penya rotja (mall.) – roter Fels*
[228] *atalaya (span.) – Wachturm; vgl. Tag 7: Wilder Westen*
[229] *Es el día de la despedida (span.) – Es ist der Abschiedstag*

INCA

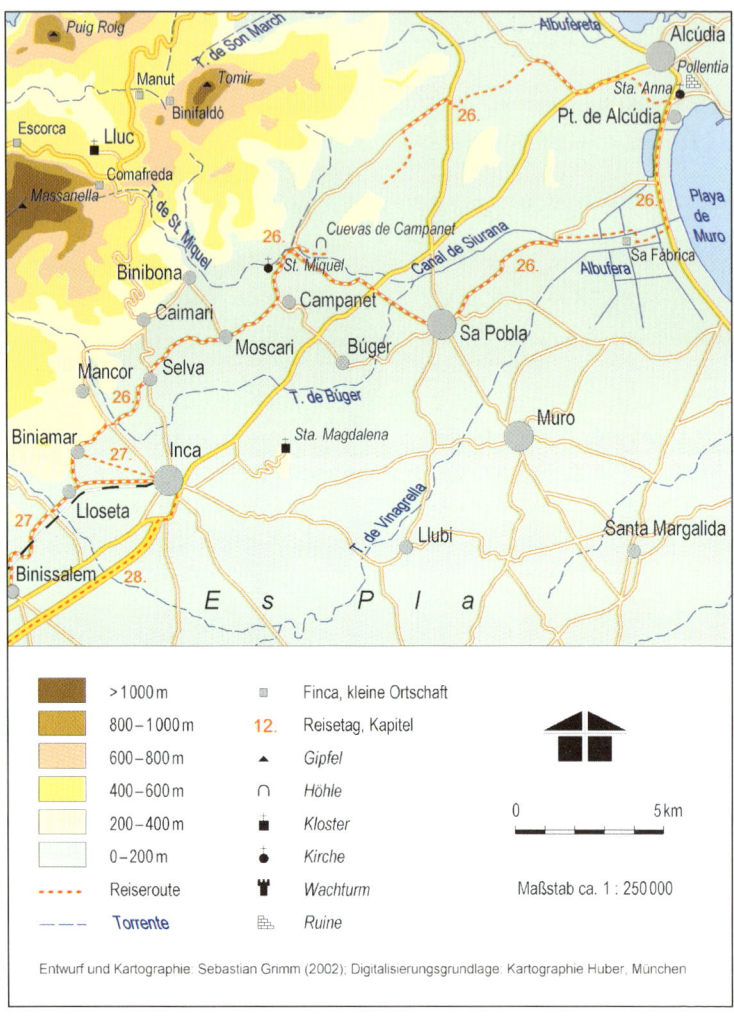

Legend

>1000 m		Finca, kleine Ortschaft	
800–1000 m	**12.**	Reisetag, Kapitel	
600–800 m	▲	Gipfel	
400–600 m	∩	Höhle	
200–400 m	■	Kloster	
0–200 m	●	Kirche	
Reiseroute	♜	Wachturm	
Torrente	🏛	Ruine	

0   5 km

Maßstab ca. 1 : 250000

Entwurf und Kartographie: Sebastian Grimm (2002); Digitalisierungsgrundlage: Kartographie Huber, München

S. 151: Ermita de Sta. Magdalena

26. Tag: Hinter der Bühne[230]

Port de Alcúdia ist ein aufdringliches Erlebnis. Als ehemaliger Hafenvorort kaum noch erkennbar, besteht es aus einer kilometerlangen Aneinanderreihung von Großhotels. Eingelagert finden sich Niederlassungen internationaler Restaurationsketten, die ihr Geld mit Buletten oder Brathähnchen verdienen. Sonstige Vergnügungsinfrastruktur rundet das Bild ab. Eine mehrspurige Verkehrsschneise dient als Erschließungsachse. Auf dem Weg nach Süden führt sie mir immer neue architektonische Scheußlichkeiten vor Augen. Linker Hand machen einige Querstraßen die Sicht frei zum „schönsten Strand Mallorcas" – so die offizielle Sprachregelung. Rechts deuten große Lagunenseen die frühere Ausdehnung der Albufera an.

Ein Großteil der Bucht von Alcúdia ist in dieser Weise erschlossen. Was hier beginnt, findet in Can Picafort seine Vollendung. Ein kleiner Abschnitt dazwischen ist allerdings unverbaut geblieben. Hinter einem kiefernbestandenen Dünenwall liegt die Playa de Muro. Ein herrlicher, feinsandiger Strand wie aus dem Bilderbuch. Oase im Betongürtel.

Dahinter beginnt die Albufera. Das größte Feuchtgebiet der Insel ist rückwärtig zur Bucht zwischen Serra Tramuntana und Serranía de Llevant entstanden. Durch stetige Akkumulation sandiger Materialien bildete sich ein Strandwall. Sukzessive trennte er während der letzten zehntausend Jahre das Sumpfgebiet vom Meer ab. Noch Mitte des 19. Jahrhunderts besaß die Lagune eine breite Verbindung zur offenen See. Heute sind es nur noch die großen Kanäle, die mit dem Salzwasser korrespondieren.

Frühere Nutzungen waren Salzgewinnung und Papierherstellung aus Schilf. Auch die Landwirtschaft der benachbarten *huerta*[231] von Sa Pobla nagte stetig am ökologisch wertvollen Biotop. Doch erst die massiven Erschließungsmaßnahmen für den expandierenden Tourismus führten zu Diskussionen über

---

[230] aus Ernst A. Rauter: „Mallorca – Das Land hinter der Bühne" (Hamburg 1988)

[231] huerta (span.) – große Gartenanlage (vorwiegend Gemüse- und Obstbau)

die Unterschutzstellung. Bis 1985 dauerte es, dass wenigstens ein Teil der Fläche als Naturschutzgebiet ausgewiesen wurde. Die alte Papierfabrik, *Sa Fábrica*[232], ist heute Informationszentrum.

Unterschiedliche Salzgehalte in Wasser und Boden haben zu einer charakteristischen Vegetationszonierung geführt. Salztolerante Pflanzen werden landeinwärts von Schilf, Schneideried und Rohrkolben abgelöst. Bei *Sa Fábrica* hat sich ein kleiner Auwald ausgebildet. Kleine Teilflächen werden extensiv mit Pferden oder Wasserbüffeln beweidet.

In einer derart amphibischen Umgebung fühlen sich Schildkröten, kleinere Schlangen und Frösche wohl. Der Fischreichtum ist begrenzt. Vor allem ist die Albufera ein Rückzugsgebiet für Vögel. Das breite Angebot unterschiedlicher Lebensräume wird von verschiedensten Spezialisten genutzt. Im Salzwasser suchen langschnäblige Stelzenläufer nach Nahrung. Im Röhricht verstecken sich Schilfrohrsänger, Nachtigall und Reiher. Über die offenen Flächen watscheln Enten und Bekassinen, in den Kanälen tummeln sich Blässhühner. Über zweihundert Arten sind von den Beobachtungsstationen zwischen meterhohem Schilf zu entdecken. Ein Reiseziel für Ornithologen.

Ein Fahrweg folgt dem Canal de Siurana durch die inneren Bereiche der Sumpflandschaft. Er endet an einem verschlossenen Tor. Ich hebe das Fahrrad über die Mauer. Die angrenzende Straße führt hinaus aus dem Rohrkolbendickicht. Vor mir liegt die Ebene. *Es Pla*[233]. Kilometerweit erstreckt sie sich zwischen den Gebirgszügen, unterbrochen allein durch wenige Ortschaften, die spärliche Bewegung ins Relief bringen.

Der schwere, von Hämatit[234] rot gefärbte Boden wird intensiv beackert. Die Huerta de Sa Pobla ist *die* traditionelle Gemüseanbauzone. Seit Jahrhunderten betreibt man hier Bewässerungswirtschaft. Die Ruinen der charakteristischen Wassermühlen prä-

---

[232] *fábrica (mall.) – Fabrik*

[233] *pla (mall.) – Ebene; Es Pla bzw. Llanura del centro (span.) bezeichnet die „Zentralebene", eine der drei großen Landschaftseinheiten Mallorcas.*

[234] *Hämatit ist ein rötlich gefärbtes Eisenoxid, das unter mediterranen Klimabedingungen bei der Bodenbildung entsteht.*

gen das Landschaftsbild. Als große Errungenschaft lösten sie Mitte des 19. Jahrhunderts die eselgetriebenen *norias*[235] ab. Heute sind sie ihrerseits weitgehend ersetzt – das kostbare Nass wird nun durch Elektro- oder Dieselpumpen zutage gefördert. Die Windräder stehen still und verfallen zusehends. Traurige Zeugen einer langen Tradition. Auch ein Instandsetzungsprogramm der Inselregierung hat daran bislang wenig geändert.

Bewässert wird durch Beregnung. Überall auf den Feldern sind fest installierte Spritzdüsen zu erkennen. Der hohe Wasserverbrauch der Landwirtschaft ist neben dem Bedarf des Tourismus seit jeher Bestandteil der Kritik an der mallorquinischen Wasserwirtschaft. Sie wird immer dann laut, wenn die winterlichen Niederschläge ausbleiben. In „klimatisch normalen" Jahren nämlich verfügt Mallorca über genügend Wasser. Im alljährlichen Zyklus werden Gebirgsreservoire und Grundwasser während der nassen Jahreszeit so weit aufgefüllt, dass es für den langen Sommer reicht. Bleibt der Winter aber trocken wie zuletzt 1999/2000, dann verwandeln sich die Stauseen in kleine Lachen, und die Versorgung von Palma ist gefährdet.

Wird in solchen Jahren zu viel Wasser aus der Tiefe gefördert, kommt es zur Versalzung von Wasser und Boden. Der Grundwasserspiegel sinkt ab, und Salzwasser vom Meer fließt nach. Bei einer Insel mit ohnehin kleiner Süßwasserlinse ist allseitige Versalzung die Folge. Der Tourist an der Küste bekommt dies spätestens beim Zähneputzen zu spüren. Verursacherprinzip.

In derartigen Fällen hat man sich noch Mitte der Neunzigerjahre mit Trinkwassertransporten vom Festland beholfen. Per Tankschiff. Inzwischen ist die erste Meerwasserentsalzungsanlage in Betrieb. Ob sie allerdings für die gelegentlich auftretenden Spitzenbedarfe im Sommer reicht, ist fraglich.

Die Gegend von Sa Pobla ist von kleinen geteerten Wirtschaftswegen durchzogen. In der Regel bringen sie Landarbeiter zu den Äckern und Gemüse auf den Markt. Sie führen durch eine intensiv genutzte Kulturlandschaft. Felder mit Kartoffeln und Artischocken, mit Tomaten und Paprika setzen sich zu einem bunten Muster zusammen. Eingelagert immer wieder das cha-

---

[235] *noria (span.) – Schöpfrad*

rakteristische Rostrot nackten Bodens. Kleine Geräteschuppen sind mit monotoner Regelmäßigkeit in die Landschaft eingestreut. Die Bauern sind mit Moped, Kleintraktor oder R4-Kastenwagen unterwegs. Vereinzelt bestellen sie unter großen Sonnenhüten ihre Felder. Alte Mallorquiner oder junge Marokkaner. Der unangenehmen Schwerstarbeit mangelt es bis heute an eigenem Nachwuchs.

Inmitten der *huerta* liegt Sa Pobla, „das Dorf". Hier wohnen traditionell die Bauern, die in der Umgebung ihre Felder bestellen. Hinter dem Denkmal der Landarbeiter öffnet sich ein sympathisch unaufdringliches Städtchen, das bereits auf römische und arabische Siedlungsvorgänger zurückblicken kann. Der schachbrettartige Grundriss geht auf ein Neubebauungsprojekt Jaumes II.[236] zurück. Lediglich ein Straßenzug des maurischen Kerns wurde in das neue Raster integriert. Bis heute lässt er sich an seinem ungeraden Verlauf erkennen.

An der *plaza* halte ich an. Ein sonnenüberfluteter rechteckiger Platz, an der Stirnseite begrenzt durch das Rathaus. Leergefegt. Die Geschäfte sind geschlossen. Die Stadt schläft – *siesta*[237]. Eine einzige Bar hat geöffnet. Ich bestelle *tapas variadas*[238]. In Sa Pobla gibt es die schärfsten der ganzen Insel. Trotzdem wird das *Cruzcampo*[239] nur in Apothekengebinden zu 0,2 Liter ausgegeben.

Es kommen nicht viele Touristen her. Sa Pobla ist eine Kleinstadt ohne besondere Attraktionen, aber mit ehrlichem Charakter. Abseits großer Durchfahrtsstraßen und nur wenige Kilometer landeinwärts spürt man Hinterland.

Ich verlasse den Ort in Richtung Campanet. Zu Füßen der Ausläufer der Tramuntana liegt die *iglesia*[240] St. Miquel, eine der ältesten Kirchen der Insel. Die Szenerie vor dem kleinen Gotteshaus hat etwas von „High Noon". Eine verlassene Kapelle, ein staubiger Vorplatz, gegenüber zwei verwaiste Häuser. Das gleißende Sonnenlicht bringt die Luft zum Flimmern. Bleierne

---

[236] *Jaume II. – erster König von Mallorca, regierte von 1276 bis 1311*
[237] *siesta (span.) – Mittagsruhe*
[238] *tapas variadas (span.) – gemischter Vorspeisenteller*
[239] *Cruzcampo – spanische Biermarke*
[240] *iglesia (span.) – Kirche*

Schwere breitet sich aus. Das ist die Umgebung, in der man Charles Bronson gemessenen Schrittes mexikanischen Bösewichten entgegentreten sieht. Doch der Showdown bleibt aus. St. Miquel ist nicht Kulisse, sondern Mittelpunkt. Eine einsame Kapelle im Nichts. Direkt am gleichnamigen *torrente*[241] gelegen. Campanet wurde im Laufe der Jahrhunderte wegen häufiger Überschwemmungen auf die nahe Anhöhe zurückgebaut. Der alten Kirche ließ man ihren Standort.

Gleich um die Ecke gibt es ein Tor zur Unterwelt. Die *cuevas*[242] von Campanet sind eines der bekannten Höhlensysteme Mallorcas. Spektakulär, aber doch unaufgeregt. Bei einer Besichtigung gleiten weder Gondeln über unterirdische Seen, noch singen Heldentenöre aus der Konserve. Die gut informierten *guías*[243] beschränken sich auf das Wesentliche: auf informative und sachkundige Führungen.

Die Höhlen sind kleiner als die Systeme der Ostküste. Dort befindet sich die Aushöhlung des Kalkgesteins in weiter fortgeschrittenem Stadium – wie auch alle anderen Erosionsprozesse. Die Llevant[244] ist älter als die Tramuntana[245].

Die Auswaschung ist ein langwieriger Prozess. Bereits während der Auffaltung kommt es zu Brüchen im Gestein. Niederschlagswasser kann eindringen. Es bahnt sich seinen Weg und löst über Jahrmillionen das umgebende Material. Schritt für Schritt. Gleichzeitig kommt es zur Sinterbildung durch erneute Ausfällung des gelösten Kalks. Es entstehen die typischen Formen von Tropfsteinen: hängende Stalaktiten, stehende Stalagmiten und zu Säulen zusammengewachsene Stalagnaten. Den Besucher der Cuevas de Campanet erwarten vielfältige, teils sehr filigrane Karstformen.

Nach der Führung nehme ich einen *carajillo*[246] auf der Aussichtsterrasse. Dann radle ich am Fuß der Tramuntana auf klei-

---

241 torrente (span.) – Sturzbach, periodisch Wasser führend
242 cueva (span.) – Höhle
243 guía (span.) – Fremdenführer, Reiseleiter
244 Auffaltung der Serranía de Llevant vor 38–26 Millionen Jahren
245 Auffaltung der Serra Tramuntana vor 26–7 Millionen Jahren
246 carajillo (span.) – kleiner schwarzer Kaffee mit Brandy

nen, von Trockenmauern eingefassten Straßen der untergehenden Sonne entgegen. Ich passiere entrückte Ortschaften wie Moscari und Selva und komme zu später Stunde in Biniamar an. Franks Haus ist leicht zu finden. Doch anstatt seiner empfängt mich ein kleiner Zettel an der Tür. Ich soll den Schlüssel in der Bar gegenüber bei José abholen.

27. Tag: Inselasyl

Daniela und Frank kommen erst am nächsten Morgen zurück. Ein Gast am anderen Ende der Insel hatte sich das Bein gebrochen. Als Repräsentant des Reiseveranstalters war es an Frank, sich um die Abwicklung der Formalitäten mit Krankenhaus und Versicherung zu kümmern.

Er macht sich in der Küche zu schaffen, während sie mir die Wohnung zeigt. Ein schmales mallorquinisches Natursteinhaus, das sich über drei Stockwerke erstreckt, seine Nachbarn etwas überragt. Die Grundfläche ist gering, schmale Treppen führen in verwinkelte Obergeschosse. Die Küchentür öffnet sich zu einem winzigen Hinterhof, der von einer zwei Meter hohen Mauer eingefasst wird. Die kleine Fläche ist üppig bewachsen von rankenden Pflanzen. Die Blüten streben dem Sonnenlicht entgegen. Im hintersten Winkel ist in einem quaderförmigen Bau die Waschküche untergebracht. Das Besondere an diesem Schuppen ist sein Dach, das wir über die angelehnte Leiter erklettern. Oben weitet sich der Blick – das einzige „Zimmer" mit Aussicht, der Gipfel der Massanella zum Greifen nahe.

Hier wohnt man preiswert – im Vergleich zu den luxussanierten Immobilien, die Ausländern im Normalfall angeboten werden. Der Vermieter wohnt einige Straßen weiter und schreckte bislang vor größeren Investitionen zurück. Aus den originellen Zuschnitten der Räume haben die beiden viel gemacht. Zumindest in dieser Gegend kann man großzügig und trotzdem günstig leben.

Desayuno[247] zwischen den Dächern von Biniamar. Bis die nötigen Utensilien ihren Weg auf den Tisch gefunden haben, bin ich dreimal mit dem Kopf an die niedrige Einfassung der Küchentür gestoßen und einmal fast von der Leiter gefallen.

Daniela ist Sozialpädagogin, arbeitet aber bereits seit Jahren als Deutschlehrerin. Aus der Notlösung wurde echte Profession. Die Schüler besuchen den Unterricht in der Regel aus berufsqualifizierenden Gründen. Mit entsprechenden Fremdsprachenkenntnissen erhöhen sich die Chancen im Tourismus erheblich.

---

[247] *desayuno (span.) – Frühstück*

Zum Teil werden die Kurse vom Arbeitsamt gefördert. „Trotzdem sind Einsatz und Arbeitswille der Teilnehmer erbärmlich", schimpft Daniela. Man müsse originelle Ideen entwickeln, um die Schüler bei der Stange zu halten. Und das bei miserablen eigenen Arbeitsbedingungen. Sie hangelt sich von Zeitvertrag zu Zeitvertrag. Mal mit, mal ohne Sozialversicherung. Die Arbeitszeiten zerreißen bei geringen Gesamtvolumina den ganzen Tag. Die Fahrzeiten sind beträchtlich, und die Bezahlung ist üblicherweise schlecht. Derzeit unterrichtet sie an zwei Schulen. Heute muss sie zunächst für zwei Stunden nach Palma, danach zum Abendkurs in Pollença. Zweimal quer über die Insel. Während Frank genüsslich von der Zeit in Aix en Provence erzählt, wird sie plötzlich hektisch. Es ist schon wieder so weit. Nach flüchtiger Verabschiedung bricht sie auf.

Frank dagegen hat Zeit. Der Computer ist aus, das Telefon hat er leise gestellt. An einigen Arbeitstagen kann es vorkommen, dass er fünfhundert Kilometer zurücklegt – auf einer Insel, die an ihrer längsten Stelle einhundert misst. Dabei ist er ständig erreichbar für seine Reiseleiter, die nach dem richtigen Weg, einer Telefonnummer oder einem Rat zum Umgang mit komplizierten Gästen fragen. Auch die Zentrale meldet sich bei ihm, fragt nach neuen Unterkünften, verbesserten Konditionen und monetären Transaktionen. Sein Büro hat er im Kopf. Es bleibt ihm keine Wahl. Vieles muss liegen bleiben bis zu den weniger arbeitsintensiven Phasen im Hochsommer oder auch im Winter. Dann entspannt sich die Situation.
Frank ist „gelernter" Philosoph. Auf der Suche nach dem Sinn des Seins hat es ihn in alle Welt verschlagen. Oft als Reiseleiter. Bevor er Koordinator auf Mallorca und damit in gewisser Weise sesshaft wurde, war er in der Sahara, in Patagonien und auf den Gipfeln der Anden. Gelebt hat er früher in Südfrankreich. „Aber da war er nie für längere Zeit", ist Danielas Anmerkung dazu.
Während früherer Einsätze auf Mallorca ist ihm die Insel ans Herz gewachsen. Seit sieben Jahren wohnt er nun hier und fühlt inzwischen wie ein Mallorquiner. Die Leidenschaft, mit der er „seine Insel" vermitteln kann, ist es, die ihn als Reiseleiter so erfolgreich machte. Er zeigt mir eine große Kiste mit „Fanpost",

in der sich ehemalige Gäste für unvergleichliche Erlebnisse bedanken. Grinsend, aber auch peinlich berührt wühlt er in den Devotionalien, darunter Gedichte und Bilder. „All diese Kontakte sind nur kurzfristig intensiv, längerfristig bleibt kaum etwas", relativiert er. Auch wisse er nicht, was aus seinen Bekanntschaften vor Ort werden würde, wenn er einmal nicht mehr in gewohnter Funktion auftrete. Vieles hängt eben am Tourismus.

Biniamar ist ein überschaubares Dorf mit einer besonderen Sehenswürdigkeit, der „Kathedrale". Ein Kirchbau von üppigen Ausmaßen, aber unvollendet. Wir treten ein und stehen trotzdem unter freiem Himmel – es fehlt das Dach. Man hat Fußballtore und Basketballkörbe aufgestellt, um die sich heute die Dorfjugend versammelt.
Es hat im Laufe des letzten Jahrhunderts keine nennenswerten Bevölkerungsbewegungen gegeben, die einen derart groß angelegten Bau gerechtfertigt hätten. Es war vielmehr so, dass verwandtschaftliche Beziehungen zwischen Biniamar und der fernen Kapitale Madrid es einst vermochten, politische Macht zu nutzen und Finanzmittel in hiesige Richtung abfließen zu lassen. Als die Machtverhältnisse sich änderten, stand man da mit der halbfertigen Kirche und machte kurzerhand eine Sportstätte daraus.

Das Weinbaugebiet von Binissalem ist bequem mit dem Rad zu erreichen. Wir fahren über Inca, mit über 20 000 Einwohnern Mallorcas drittgrößte Stadt. Geprägt durch Industrie und Handel zeigt sie sich nach außen von ihrer abweisenden Seite. Touristen kommen hierher, um in einer der großen Verarbeitungsfabriken Lederartikel zu kaufen. Doch Inca beginnt eigentlich erst hinter den großen Verkaufshallen. Im Inneren – etwa um die *plaza* zu Füßen der Pfarrkirche Sta. Maria la Mayor – gibt es einige Ecken, die einen spröden Charme ausstrahlen. Keine Schaufassaden, sondern authentische Straßenbilder. Ein besonderer Tipp sind die alten *cellers*[248], in denen man heute in stim-

---

[248]   *celler (mall.) – Weinkeller*

mungsvoller Umgebung die mallorquinische Küche genießen
kann.

Der Ort blickt auf eine lange Geschichte zurück. Prähistorische
Funde belegen, dass die Römer nicht die Ersten waren, als sie
ein Verwaltungszentrum an der Straße zwischen Pollentia und
Palma gründeten. Der Ortsname jedoch geht auf sie zurück. *In-
cola* ist der lateinische Begriff für „Einwohner".

Während der Maurenzeit etablierte sich Keramikmanufaktur,
nach der *reconquista* Lederverarbeitung. Inca wurde zum be-
vorzugten Niederlassungsort der Handwerkszünfte, da es früh
über Stadtrechte verfügte. Berühmt wurden die Schuster für ihre
Qualitätsarbeit. Bis heute sind Schuhe aus Inca ein Weltmarkt-
artikel. Die Lederindustrie ist *das* Standbein der lokalen Öko-
nomie.

Dann beginnen die Weinstöcke. Zwischen Lloseta und Santa
Maria befindet sich eines der Zentren des mallorquinischen
Weinbaus. Die *D.O. Binissalem*[249] war lange Zeit die einzige
eingetragene Herkunftsbezeichnung auf der Insel. Erst seit kurzem gibt es eine zweite, die *D.O. Pla I Llevant de Mallorca*.

Diese Bezeichnungen sind Gütesiegel. Weine aus Binissalem
müssen zum überwiegenden Teil aus mallorquinischen Rebsor-
ten hervorgehen. Häufige Verwendung finden die farbintensive
Manto Negro und die körperreiche Callet. Hinzugefügt werden
Tempranillo oder Cabernet Sauvignon – in variierenden, aber
jeweils streng begrenzten Anteilen.

Der mallorquinische Weinbau blickt auf eine wechselhafte Geschichte zurück. Ende des 19. Jahrhunderts wurde er zum großen Geschäft. Aufgrund der Reblausplage belieferte man für
kurze Zeit ganz Europa. 30 000 Hektar betrug die Anbaufläche,
die Ernten verkauften sich von selbst. Auf Qualität musste nicht
geachtet werden. Die Weine waren entsprechend. Dann suchte
die Philoxera auch Mallorca heim – mit verheerendem Ausgang. Über fünfzig Jahre kam der Weinbau zum Erliegen. Man
pflanzte stattdessen Mandeln, und erst, als deren Absatz ins
Stocken geriet, besann man sich wieder auf die Kelterei. In

---

[249] D.O. – „Denominación de Origen" (span.); Herkunftsbezeichnung für spanische Weinbaugebiete

kleinerem Stil, aber auf höherem Niveau. Auf 2 000 Hektar wird heute zunehmend sehr gute Qualität erzeugt. Der Ruf ist wieder hergestellt.

In Binissalem stehen wir zunächst vor verschlossenen Türen. Dann öffnet uns Antonio. Missmutig. Obwohl wir anscheinend nicht besonders gelegen kommen, bedeutet uns der alte Keller-meister, ihm zu folgen. In einem improvisierten Raum auf roher Holzbohle schneidet er einige Kanten aus einem großen Laib Brot. Dann verschwindet er und kehrt mit einem Arm voller Flaschen zurück. Er schenkt ein und betrachtet kritisch unser Procedere. Wir scheinen alles richtig zu machen, denn als ich den Wein ins Licht halte, um die Farbe zu begutachten, lässt er sich zu einem „*bueno, eh?*"[250] hinreißen. Jetzt schwenkt auch er den Wein in seinem Glas und prüft das Bouquet, bevor er einen Schluck nimmt – ein voller und schwerer Tropfen. Antonio stei-gert die Qualität und verliert seine Lustlosigkeit. Fast scheint es, als finde er Gefallen an uns. Er verschwindet erneut und kommt mit einer Flasche Reserva zurück, Jahrgang 94. Während der Wein atmet, neutralisieren wir unsere Gaumen mit trockenem Brot und Wasser. Antonio hebt die Dekantierkaraffe etwas an und schwenkt sie leicht. Der Wein hat eine herrliche tiefrote Farbe, die leicht ins Bräunliche tendiert, aber auch einen Hauch von Orange enthält. Für einen Moment meine ich, den häma-titroten[251] Boden im Glas zu erkennen. Deutliche Spuren jeden-falls scheint er in den Trauben hinterlassen zu haben. Nicht nur die Farbe, auch das Bouquet verspricht einen großen Wein. Der Geschmack ist vollkommen, konzentriert und mit Anklängen von dunklen Beeren. Ein langer Abgang vollendet den guten Eindruck. Wir begnügen uns nicht mit dem Glas, sondern leeren die ganze Flasche.

Danach kaufen wir ein. Trotz der beschränkten Transportmög-lichkeiten. Zum Abschied drückt uns Antonio beinahe freund-schaftlich die Hand. Der Rückweg fällt nicht im Geringsten schwer. Im Gegenteil: wie von selbst gelangen wir zurück nach Biniamar.

---

[250] *bueno (span.) – gut*
[251] *Hämatit ist ein rötlich gefärbtes Eisenoxid, das unter mediterranen Klima-bedingungen bei der Bodenbildung entsteht.*

Den Abend verbringen wir in der Bar von José. Hier trifft sich in der Regel die Hälfte der Dorfbevölkerung. Ein hallenartiger Raum, fast in ganzer Tiefe von einem langen Tresen durchzogen. In typischer Manier wird er von grellen Neonröhren erhellt und ununterbrochen von einem großen Fernseher mit Bild- und Tonberieselung versorgt. José hat seine Kundschaft im Griff. Stets freundlich, zurückhaltend und ungemein sympathisch bietet er seinen Gästen die Bühne, die sie für ihre abendlichen Zusammenkünfte benötigen.

Er amüsiert sich über unsere fortgeschrittenen Artikulationsschwierigkeiten und bringt zum *frito marinero*[252] die erbetene Flasche Mineralwasser. Selbst in diesem abgelegenen Dorf denkt José darüber nach, seine Bar zu renovieren, um sie für ausländische Gäste attraktiver zu machen. Frank ermutigt ihn mit dem Hinweis auf die steigende Zahl der Alternativurlauber, die im Hinterland unterwegs seien. Tourismus ist omnipräsent. Fast jeder hat auf irgendeine Weise mit der Branche zu tun. Jeder entwickelt Geschäftsideen und ist auf der Suche nach Partnern, Ratgebern oder Helfern. „Wenn wir dem entfliehen wollten, müssten wir eigentlich die Insel verlassen", schließt Frank.

Doch trotz aller Schwierigkeiten glaube ich gegen Ende des Abends herausgehört zu haben, dass immer noch die Faszination an der Aufgabe überwiegt. Ein typischer *aficionado*[253].

---

[252] *frito marinero (span.)* – *Gemüsepfanne mit Meeresfrüchten*
[253] *afición (span.)* – *Liebhaberei, Hingebung*

28. Tag: Adéu

Der Wecker klingelt zu früh. Draußen kämpft die Nacht noch mit dem Tag. In die Küche fällt unwirkliches Zwielicht. Ich koche für jeden einen *café solo*[254] und bringe ihn den beiden ans Bett. Lustlos verabschieden sie sich von den letzten Traumfetzen und realisieren, dass wir aufbrechen müssen. Einen zwingenden Grund habe nur ich, denn mein Flug geht um halb acht. Daniela und Frank hatten angeboten, mich zum Flughafen zu bringen. In diesem Moment bekommen sie die Quittung für die großzügige Offerte.

Dann geht alles ganz schnell. Vor der Haustür empfängt uns die Frische eines jungen Morgens. Die Dämmerung wurde abgelöst von ersten rötlich gelben Streifen am Himmel. Nach Westen gehen sie in blaue und graue Farbtöne über. Es herrscht eine angenehme Temperatur, die einen weiteren schönen Tag ankündigt. Wir lauschen für einen Augenblick dem Konzert unzähliger Vogelkehlen. Der Ort schläft noch, als wir mit dem Anlassen des Motors die nächtliche Ruhe zerschneiden.

Wortlos durchfahren wir Inca. Wieder einmal Abschied. Erlebnisse der letzten Wochen gehen mir durch den Kopf. Schnell wechseln die Szenen in der Erinnerung, während ich schwermütig auf die Tramuntana blicke. Aus der Dunkelheit erwacht, grüßen die kahlen Gipfel ein letztes Mal, während mich die Inselautobahn der Abreise näher bringt.

Tramuntana. Gebirge des Nordwinds. Schutzmauer, Wasserspeicher und Naturreservat. Kulturhistorischer Identifikationspunkt, Barriere und Versteck. Insel auf der Insel. Die Tramuntana ist für mich der Kern Mallorcas. Hier kommt man der „mallorquinischen Seele" am nächsten.

Hinter einer letzten Kuppe senkt sich die Autobahn gen Palma. Noch nächtlich illuminiert, tritt das Weichbild der Stadt langsam aus Dunst und Dämmerung hervor. Die Via Cintura führt uns an der spröden äußeren Schale der Inselmetropole entlang.

---

[254] *café solo (span.) – Espresso*

Gesichtslose Zweckbauten aus Stahlbeton säumen die Ringautobahn.

Auf dem Zubringer zum Flughafen wird die Verkehrsdichte größer. Am logistischen Zentrum fließen die Urlauberströme wieder zusammen, die Wochen zuvor an derselben Stelle auf die Ferienorte verteilt wurden. Während wir auf die neuen Terminals zusteuern, erhebt sich am Horizont eine orangefarbene Sonnenscheibe, die schnell an Helligkeit und Höhe gewinnt. Die Insel zieht noch einmal alle Register.

In der Abflughalle folgt Ernüchterung. Drangvolle Enge, Lautstärke, Orientierungslosigkeit – schlimmer als ich es je erlebt habe. Aufgrund eines Busfahrerstreiks mussten viele Ankömmlinge die Nacht hier verbringen. Entsprechend ist die Stimmung. Eingehüllt in Wolldecken beklagt man den missratenen Start in den Urlaub. Die Schalter der verschiedenen Reiseveranstalter befinden sich im Belagerungszustand. Hilflose Überforderung auf allen Seiten.

Ich verabschiede mich von Daniela und Frank und gehe zu meinem Counter. Die meisten Rückreisenden haben innerhalb der letzten Wochen erstaunliche Metamorphosen durchgemacht: Viele sind scheinbar zu profunden Insidern geworden, die mit ihrem Mallorca-Wissen nicht mehr an sich halten können. Andere sind äußerlich mutiert und verkaufen rot für braun. Glänzende Hautoberflächen, zerknitterte Gesichter.

Diesmal erwische ich einen Fensterplatz, der *nicht* über einer Tragfläche liegt. Der Flieger startet in südliche Richtung und dreht eine große Schleife. Steigflug. Erst entschwindet die Bucht von Palma, dann die Ebene und die nördlichen Ausläufer der Tramuntana, zuletzt Formentor.

Adéu.

Gràcies, Gracias, Vielen Dank

ADAC Reisemagazin
Ayuntamiento de Palma
Marilen Cañellas Mas
Claus Carstens
Margarita Comas Payeras
Rainer Donandt
Teresa Ferrer Estades
Catalina Frontera
Sebastián Frontera
Marcos Galindo Boter
Sönke Gill Heyer
Gerda Grimm
Jörg Grimm
Katharina Grimm
Franziska Herboth
Kartographie Huber, München
Institut für Geographie, Universität Hamburg
Maren Kutschaelies
Maria Mas
José Antonio Mayorga Muñoz
Frank Mittelbach
Damián Monjeot
Antonia Montaner
Rainer Müller
Guillermo Oliver
Marie Isabell Pizá Ferrer
Magdalena Puig
Sebastián Rullán
Sail & Surf Pollensa
Gabriel Salas Serra
Juana Maria Salas Comas
José Salas Comas
Nicole Stumpp
Şeynur Tunç
Daniela Wiegel
Wikinger Reisen

Der Autor

 Sebastian Grimm, Jahrgang 1965, arbeitet im PR-Bereich und ist nebenberuflich als freier Autor tätig. Er lebt überwiegend in Hamburg, braucht aber den häufigen Ortswechsel in südliche Breiten.
Reiselust, Neugier und Vielfalt der Möglichkeiten mündeten zunächst in eine Ausbildung zum Diplom-Geographen. Berufliche Perspektiven waren zweitrangig. Besonders ausgeprägt war sein Interesse für den spanischsprachigen Raum – ursprünglich mit dem Schwerpunkt Südamerika.

Auf Mallorca ist er während des Studiums eher zufällig gelandet – nach Palma gab es den billigsten Flug. Trotzdem ließ ihn die kleine Mittelmeerinsel mit dem zweifelhaften Ruf nicht mehr los. Er arbeitete vor Ort für einen Veranstalter von Spezialreisen und lernte Land und Leute lieben. Mallorca wurde zur zweiten Heimat. Über die Jahre wuchs das Manuskript zum vorliegenden Buch.

Notizen